Lesen. Neu. Erleben.

LESEN. NEU. ERLEBEN.

Jugendliteratur für den Deutschunterricht

Textauszüge und
Unterrichtsvorschläge für
die 5. bis 11. Klassenstufe

dtv

www.dtv.de/schule-kita

© 2022 dtv Verlagsgesellschaft mbH & Co. KG
Umschlaggestaltung: Alexandra Bowien
Umschlagmotiv: Jochen Kunstmann
Gesetzt aus der Minion Pro
Satz: Gaby Michel, Hamburg
Druck und Bindung: CPI books GmbH, Leck
Printed in Germany
Werbemittelnummer: 978-3-423-92041-4

Inhalt

Liebe Lehrerinnen und Lehrer der Sekundarstufe I und II,

»Lesen. Neu. Erleben.« – unter diesem Rahmenthema haben wir in den vergangenen Monaten unseren Lehrerreader 2022, Bereich Jugendbuch, für Sie entwickelt.

Wir, das sind die Kinder- und Jugendbuchverlage im dtv: dtv Kinder- und Jugendbuch und Reihe Hanser. Unser Ziel ist es, Sie auf ein aktuelles Buch- und zugleich vielfältig interessantes Themenangebot aufmerksam zu machen, das sich aufgrund der zugehörigen Unterrichtsmaterialien für den Einsatz als Klassenlektüre im Sekundarstufenbereich empfiehlt. Gemeinsam haben wir aus über 200 Titeln zwölf ausgewählt, die wir in diesem Buch präsentieren. Jeweils drei aufeinander bezogene Material- einheiten veranschaulichen Ihnen im Folgenden unser Angebot und ver- deutlichen zugleich auch das Vorgehen, das wir im Literaturunterricht im Fach Deutsch für den Einsatz von Klassenlektüren favorisieren.

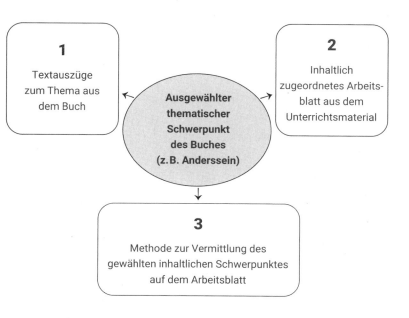

Die Inhaltsübersicht auf den Seiten 5 und 6 ermöglicht Ihnen, schnell einen Buchtitel mit dem gewünschten Themenschwerpunkt für Ihre Klassenstufe zu finden und aufzuschlagen. Wenn Sie anschließend Ihren ersten Leseeindruck erweitern und vertiefen möchten, erhalten Sie auf der Homepage des Verlages unter **www.dtv.de/unterrichtsmaterialien** das komplette Unterrichtsmaterial zum kostenlosen Download.

Unter dem Reiter »Schule und Kita« wird Ihnen eine thematische Suchfunktion angeboten, mit deren Hilfe Sie Schullektüren für Ihre Klasse schnell finden können. Auch ist es möglich, die Auswahl noch weiter, zum Beispiel bezogen auf die Jahrgangsstufe, zu konkretisieren. Zudem können Sie sich über unsere Autor:innen informieren und diese für Lesungen anfragen. Alle Titel, die sich als Schullektüre eignen, sind mit einem Lehrerprüfrabatt von 20 % zu bestellen.

Wenn Sie sich für den Lehrer:innen-Newsletter anmelden, erhalten Sie circa alle sechs Wochen konkrete Informationen darüber,

- welche neuen Unterrichtsmaterialien kostenlos zur Verfügung stehen,
- wann neue Schullektüretitel erscheinen oder
- welche Schulaktionen, Verlosungen oder Lesungen angeboten werden.

Die Unterrichtsmaterialien sind wie folgt aufgebaut:

Die wichtigsten Informationen auf einen Blick

Deckblätter zum Unterrichtsmaterial

Die auf den Coverseiten des Materials genannten thematischen Schwerpunkte markieren bereits den nachfolgenden Orientierungs- und Erarbeitungsprozess, der über den Lehrerteil bis hin zu den Arbeitsblättern oder -karten für die Schüler:innen führt.

Der **Lehrerteil** ist in die Bereiche Handlung, Problematik, didaktisch-methodische Überlegungen und fächerverbindende Aspekte gegliedert, über die die konzeptionellen Entscheidungen für den Einsatz des jeweiligen Romans im Unterricht erläutert und geklärt werden.

Die Überblicksseiten zwischen Lehrer- und Schülerteil bieten zu jedem Arbeitsblatt eine Einordnung und detaillierte Beschreibung der fachlichen Kompetenzen und Methoden sowie der Aufgabenniveaus und der Sozialformen.

Überblick der Aufgaben nach Methoden, Kompetenzen, Sozialform & Niveau

Lernbereich	fachliche Kompetenzen & Methoden	Beispiel	Niveaustufe	Sozialform	Seite
Umgang mit Texten und Medien	- wesentliche Elemente eines Textes erfassen (Figuren, Raum- und Zeitdarstellung)	*Informationen finden und ergänzen*	1	EA, PA	13
	- Josefs Entwicklung entlang der Fluchtstationen belegen	*„... zeige (...) die Entwicklung von Josef auf."*	2	EA	14
Textanalyse und Diskussion	- eigene Deutungen des Textes entwickeln, am Text belegen und sich mit anderen darüber verständigen	*Zitate in einen inhaltlichen Zusammenhang bringen, mit eigenen Gedanken ergänzen*	2	EA	15
	- Gezielt Texten Informationen entnehmen	*„Trage in jede Note eine Information ein."*	1	EA	16

Ausschnitt aus der Überblickstabelle zu »Vor uns das Meer«

Der **Schülerteil** hebt sich in seinem Umfang deutlich von den Lehrerseiten ab.

Im Schnitt sind es 20 bis 25 Arbeitsblätter, die für die Einzel-, Partner- u./o. Gruppenarbeit zur Verfügung stehen.

Die Aufgaben sind selbsterklärend und richten sich im Schwerpunkt auf die Weiterentwicklung und Sicherung sprachlicher und textbezogener Analysefähigkeiten.

Die unterschiedlichen Sozialformen sind durch folgende Symbole gekennzeichnet:

Einzelarbeit (EA)	Partnerarbeit (PA)	Gruppenarbeit oder Plenum (GA)
👤	👥	👥

Nachstehend ein Beispiel für eine inhaltlich und methodisch aufeinander abgestimmte Aufgabenstellung:

K ONZEPTANALYSEN zu ausgewählten Kernbereichen des Romans durchführen

O _____

M EDIEN zur Präsentation und ästhetischen Produktion nutzen

P _____

E RZÄHLPERSPEKTIVEN untersuchen

T EXTSTRUKTURIERUNGEN vornehmen, erarbeitete Strategien anwenden

E _____

N _____

Z ENTRALE Inhalte eines Textes erschließen u. Bezüge zwischen Textstellen aufzeigen

F IGURENKONSTELLATION und Handlungsmotive von Figuren herausarbeiten

E PISCHE Gestaltungsmittel in ihrer Funktion beschreiben

L _____

D EUTUNGSHYPOTHESEN formulieren und am Text überprüfen

E RGEBNISSE thesenhaft wiedergeben und präsentieren

R OLLENBIOGRAFIEN umschreiben, kontextbezogen erarbeiten

Arbeitsauftrag:
Das Akrostichon bietet dir bestimmte Vorinformationen über die zu erwerbenden Kompetenzen im Verlauf des Literaturprojektes. Ergänze die Übersicht während des Erarbeitungsprozesses.

Mit den oben stehenden didaktisch-methodischen Zielsetzungen ist der Lernweg bezeichnet im Sinne von *»Lesen als Konzentration auf das Verstehen«* (B. Hurrelmann, 2002), zu dem der Erwerb von Wissen/Können und die Anwendung sprachlicher sowie textrezeptiver und -produktiver Strategien gehören.

Die Auseinandersetzung mit den Aufgabenseiten kann arbeitsgleich u./o. arbeitsteilig erfolgen. Pflicht- und Wahlaufgaben bieten die Möglichkeit, den Erarbeitungsprozess individuell auszurichten und auch innerhalb des Materials je nach Lerntempo und Entwicklungsstand der Schüler:innen Reduzierungen vorzunehmen.

Daraus folgt, dass ein Buchprojekt sich über einen Zeitraum von 14 bis 28 Tagen erstrecken kann. Für die Organisation des Leseprozesses gibt es im Lehrerteil vielfältige Anregungen, die sowohl einen kapitelweisen Austausch mit einer/m Lernpartner:in, eine zusammenfassende Wiedergabe von Lesekapiteln durch einzelne Schüler:innen, Fragerunden im Plenum, Galerie- und Museumsgänge mit Anleitungen zu reflektierendem Lesen u.a. m. beinhalten.

Die kognitiven Leistungsanforderungen sehen für jeden Themenschwerpunkt einen Erarbeitungsweg vor, der dazu anleitet, immer komplexere Fähigkeits- und Erkenntnisstufen zu erreichen, also über ein globales Textverstehen schrittweise auf eine weitere Analyse- und Reflexionsebene zu wechseln.

Dieser Prozess wird durch Lerngerüste (Scaffolds) unterstützt und begleitet, sodass Schüler:innen, die zunächst auf der Niveaustufe 1 beginnen, sich zu schwierigeren Anforderungen »emporarbeiten« können.

Im digitalen Bereich werden methodische Formen angeboten, wie einen Chatverlauf entwickeln, SMS oder E-Mails schreiben bzw. in andere Textformate umwandeln, eine erarbeitete Videosequenz einsetzen, transkribieren und ihre kommunikative Struktur untersuchen sowie mit Blog-Einträgen oder der Stop-Motion-App arbeiten.

Emotionale Zugänge zu einem Text wie »Wunder«, »Vier Wünsche ans Universum«, »Das Schicksal ist ein mieser Verräter« und andere Buchbeispiele erfordern handlungsorientierte Darstellungsformen, die auf körpersprachliche Ausdrucksmittel, aber auch auf den situativen Kontext und seine Beeinflussung des (Text-)Geschehens ausgerichtet sind. Als denkbare Methoden bieten sich an: Szenenbild, Rollenspiel, Rollenbiografie, Standbild, Pantomime u. a. Am Ende eines Literaturprojektes gibt es eine rückblickende Reflexion über die Erfahrungen mit dem Roman. Zusammengefasst lassen sich folgende Anregungsimpulse aus den gewählten Unterrichtsmaterialien nennen, wie Feedbackrunde zum Arbeitsprozess und seinen Ergebnissen organisieren, eine Rezension für interessierte Parallelklassen schreiben, eine Power-Point-Präsentation vorbereiten und durchführen, eine Klassenwand mit den Arbeitsergebnissen clustern, eine Mindmap zu den erreichten Lernwegen gestalten ...

Vielleicht haben Sie Lust bekommen, sich intensiver einzulesen in die folgenden Materialbeispiele des Readers. Denkbar ist jedoch auch, dass eine Schüler:innengruppe diese Aufgabe übernimmt und ihre Favoriten den Mitschüler:innen über das Whiteboard, als Videosequenz oder in Form eines Partnerinterviews vorstellt – Kreativität und Motivation inbegriffen.

Gerne unterstützen wir Sie und Ihre Schüler:innen auch weiterhin beim »Lesen. Neu. Erleben.«.

Mit herzlichem Gruß und Dank für Ihr Interesse

Marlies Koenen
Herausgeberin der Unterrichtsmaterialien

Über die Herausgeberin der Unterrichtsmaterialien

Marlies Koenen ist seit ihrer Kindheit eine begeisterte Leserin. Dieses Interesse teilt sie inzwischen beruflich als ausgebildete Erzieherin, Grundschullehrerin und Dipl. Pädagogin/Bereich Erwachsenenbildung mit unterschiedlichen Zielgruppen. Neben Lese- und Literaturprojekten mit Kindern und Jugendlichen im Vorschul- und Schulbereich erarbeitet sie als Autorin und Herausgeberin mit Lehrkräften aus den verschiedenen Schulformen Unterrichtsmaterialien für namhafte Verlage wie dtv oder Klett Kinderbuch. Bezogen auf ihre fachlichen Studienschwerpunkte »Sprach- und Literaturdidaktik« sind Anfragen als Referentin für die Bereiche Fortbildung, Beratung und Dialog-Vortrag über den E-Mail-Kontakt marlies.koenen@t-online.de möglich.

Anregung zur Zusammenarbeit

Mein Wunsch ist, dass die Erarbeitung von Unterrichtsmaterialien für die Klassenstufen 1 bis 12 auch zukünftig durch die Zusammenarbeit mit weiteren Lehrkräften als Autor:innen sowie Referendar:innen für den Grundschul- und Sekundarstufenbereich abwechslungsreich – durch neue fachspezifische Schwerpunkte – und vielfältig kompetent weiterentwickelt werden kann. Von daher werbe ich dafür, dass Sie Ihre Erfahrungen, Ihr Wissen und Ihr Interesse an einem sich fortsetzenden »Lesen. Neu. Erleben.« durch eine aktive Mitarbeit an der Erstellung von Arbeitsmitteln für den Literaturunterricht nutzen und weitergeben können. Über eine Kontaktaufnahme freue ich mich.

Marlies Koenen

Vorwort des dtv-Schule-Teams

Liebe Lehrerinnen und Lehrer,

wenn ein Jugendlicher verliebt ist, in der Familie Trennungen erlebt oder aus einer anderen Schule, einer anderen Stadt oder einem anderen Land in eine neue Klasse kommt, so ist dieses »Neu-Sein«, das »Sich-neu-Erleben« und »Die-Welt-neu-Sehen« eine einschneidende Erfahrung. In den von uns ausgewählten Romanen entwickeln die Protagonist:innen unterschiedlichste Strategien, um mit einer veränderten Situation umzugehen. So wächst Virgil (»Vier Wünsche ans Universum«) nach einer traumatischen Situation über sich hinaus und wird in seiner Identitäts- und Persönlichkeitsentwicklung gestärkt. Kim (»Und du kommst auch drin vor«), die sich jahrelang hinter der Freundschaft zu Petrowna versteckt hat und dann von dieser enttäuscht wird, schwimmt sich frei und ist nun offen für ihre neue Familienkonstellation. Ghost (»Ghost«) und Finley (»Goodbye Bellmont«) finden im Sport und unter ihren Mannschaftskamerad:innen zunächst den Halt, den sie zu Hause vermissen, und werden doch auch hier noch einmal neue Herausforderungen bestehen müssen. Klar wird bei allen Büchern: Man kann sich nicht vor dem Leben verstecken. Auch wenn man es noch so sehr versucht. Selbst Robin (»Der Schuss«), der sich aus allem raushalten will, um keinen Ärger zu bekommen, merkt, dass es wichtig ist, sich für die richtige Sache einzusetzen und Zivilcourage zu zeigen. Bei einigen Jugendlichen verwandelt sich ihre größte Schwäche in ihre größte Stärke. So etwa August (»Wunder«), der gerade durch sein Anderssein eine ganz herausragende Rolle übernimmt. In jedem Fall gehört eine große Portion Mut dazu, ins kalte Wasser zu springen. Mahmoud (»Vor uns das Meer«) und seine Familie lassen auf ihrer Flucht alles hinter sich, um ein neues Leben anfangen zu können. Und auch Judy (»Bad Castro«) und Max (»Zwei Wege in den Sommer«) stellen in einer Nacht bzw. im Laufe eines Sommers das infrage, was ihnen bisher klar war: Gerechtigkeit und Freiheit. Aber das Schicksal hilft den Mutigen und zeigt, was die Macht der Sprache bewirken kann (»Nennt mich nicht Ismael!«), und belohnt sie mit einem Leben, das selbstbestimmter und frei von Angst ist. Und selbst oder gerade in schwerster Krankheit kämpfen Hazel und Gus für ihre Würde, ihre Autonomie und ihre Liebe (»Das Schicksal ist ein mieser Verräter«).

Als Pädagog:innen begleiten Sie die großen und kleinen Neuanfänge Ihrer Schüler:innen. Mithilfe einer Lektüre können Sie solche Veränderungsprozesse zusammen mit Ihren Schüler:innen reflektieren und auf eine andere Art erfahrbar machen.

In diesem Buch finden Sie aus zwölf Jugendbüchern je eine Textsequenz und einen dazu passenden Auszug aus dem Schülerteil des Unterrichtsmaterials. Jeder Textausschnitt behandelt ein Leitthema als Schwerpunkt. Passend zu dem Thema eine Methodenbox, mit deren Hilfe das Erarbeitete vertieft oder aus einer anderen Sichtweise betrachtet werden kann. Die ausgewählten Bücher stammen aus dem vielseitigen Verlagsprogramm der dtv Kinder- und Jugendbuchverlage und bilden einen Querschnitt aus mehreren Genres ab.

Auf jeden Fall sind die ausgewählten Bücher ganz nah an der Lebenswelt der Jugendlichen.

So wünschen wir Ihnen nun viel Freude beim Stöbern und Reinlesen.

Ihr dtv-Schule-Team

PS: Sollten Sie Fragen oder Anregungen haben, freuen wir uns über Ihre E-Mail.

Ihre Barbara Gasperlin (Lehrerservice):
gasperlin.barbara@dtv.de

Identität und Persönlichkeits-entwicklung

»Vier Wünsche ans Universum« von Erin Entrada Kelly

für die 5. und
6. Klassenstufe

EUR 9,95 [DE]
ISBN: 978-3-423-62750-4
288 Seiten
Aus dem Englischen von
Birgitt Kollmann

Zum Inhalt

Virgil ist schüchtern und fühlt sich in seiner lauten Familie komplett fehl
am Platz. Valencia ist taub, intelligent und schrecklich einsam. Kaori ist
eine Lebensberaterin mit hellseherischen Fähigkeiten und ihrer kleinen
Schwester Gen im Schlepptau. Und da ist Chet, eine wahre Plage für die
anderen Kinder. Nein, Freunde sind sie nicht, zumindest nicht bis zu dem
Tag, als Chet Virgil und sein Meerschweinchen Gulliver angreift und die
beiden in einem alten Brunnen feststecken. Was für ein Unglück! Oder
was für ein Glück! Denn das führt zu einer beispiellosen Suchaktion von
Valencia, Kaori und Gen. Mit Glück, Köpfchen und Mut – und einer klei-

nen Hilfe vom Universum natürlich – werden ein Junge gerettet, ein Bully in seine Schranken gewiesen und Freundschaften geschmiedet.

- Eine sensible und rührende Geschichte über vier unvergessliche Außenseiter
- Ausgezeichnet mit dem Deutschen Jugendliteraturpreis (Kinderbuch)
- »Dieses Buch musste den Jugendliteraturpreis bekommen, es ist spannend, bewegend, ernst und wunderschön zugleich.« *magazin.barrio-app.com*

Zur Autorin

© Laurence Kesterton

Erin Entrada Kelly wuchs in Louisiana auf und lebt heute in Philadelphia. Für ihre Kinder- und Jugendromane wurde sie vielfach ausgezeichnet. Für »Vier Wünsche ans Universum« erhielt sie den Deutschen Jugendliteraturpreis.

Zum Unterrichtsmaterial

Das Unterrichtsmaterial wurde herausgegeben von Marlies Koenen und erarbeitet von Anika Petersen und Beate Müller.

Thematik
* Identität und Persönlichkeitsentwicklung
* Bedeutung von Freundschaft
* Umgang mit Ängsten
* Anderssein
* Mobbing
* Träume als Verhaltensmodelle

Methodische Schwerpunkte
* Strategien zur Vertiefung des Textverständnisses anwenden
* Verhaltensweisen begründet reflektieren
* Erzählperspektiven und Paralleltexte untersuchen und verfassen
* Einen Zeitungsbericht erstellen

Das komplette Unterrichtsmaterial finden Sie hier:

www.dtv.de/vier-wuensche

**Textauszug aus dem Roman »Vier Wünsche ans Universum«
von Erin Entrada Kelly**

*Virgil ist klein und nimmt sich gerne zurück. Von Chet, seinem Schul-
kameraden, wird er gemobbt. Doch im Laufe des Romans findet er
Freunde und macht eine erstaunliche Persönlichkeitsentwicklung durch.
Dabei wird eine Szene im Brunnen, in den er hineinklettert, für ihn zum
Schlüsselmoment.*

(Buchseite 7 bis 10)

Riesenversager

Der elfjährige Virgil Salinas dachte schon jetzt mit Schrecken an seine
restliche Mittelschulzeit, dabei hatte er gerade erst die sechste Klasse
abgeschlossen, also sein erstes Jahr in dieser Schule, und noch zwei
weitere vor sich. Er stellte sich diese Zeit wie eine lange Reihe von
Hürden vor, jede höher, dicker und schwieriger zu nehmen als die
vorige. Und vor diesen Hürden stand er, Virgil, auf seinen schwachen,
mageren Beinen. Hürdenlauf war überhaupt nicht sein Ding. Das
hatte er leidvoll im Sportunterricht erfahren, wo er als der Kleinste
leicht übersehen und immer als Letzter in eine Mannschaft gewählt
wurde. Eigentlich sollte er bester Laune sein: Der letzte Schultag! Ein
ganzes Schuljahr überstanden! Er hätte nach Hause hüpfen sollen,
voller Vorfreude auf einen leuchtend hellen Sommer. Stattdessen be-
trat er das Haus wie ein geschlagener Athlet – mit gesenktem Kopf
und hängenden Schultern, und die Enttäuschung lag ihm wie ein
schwerer Stein auf der Brust. Denn seit heute war es amtlich: Virgil
war ein Riesenversager. »Ay, Virgilio«, sagte seine Großmutter – seine
Lola –, als er in die Küche kam. Sie war gerade dabei, eine Mango zu
schälen, und schaute nicht auf. »Komm her, nimm dir eine. Deine
Mutter hat mal wieder viel zu viele gekauft. Ein Sonderangebot, natürlich, also kauft sie gleich zehn Stück. Wozu, frage ich dich, brauchen wir zehn Mangos? Außerdem kommen sie nicht einmal von den

Philippinen, sondern aus Venezuela. Deine Mutter geht hin und kauft zehn venezolanische Mangos! Wozu? Diese Frau würde sogar Judasküsse kaufen – Hauptsache, sie wären im Sonderangebot.« Sie schüttelte den Kopf. Virgil stellte sich etwas gerader hin, damit Lola nicht gleich Verdacht schöpfte und fragte, ob irgendetwas los sei. Dann nahm er sich eine Mango aus der Obstschale. Sofort trafen sich Lolas Augenbrauen in der Mitte. Richtige Augenbrauen waren das allerdings nicht, die hatte sie sich längst ausgezupft. »Was ist los? Was machst du für ein Gesicht?«, fragte sie. »Was für ein Gesicht denn?«, fragte Virgil zurück. »Du weißt schon.« Lola gab nicht gerne Erklärungen ab. »Hat dieser Junge mit dem Boxergesicht dich wieder geärgert in der Schule?« »Nein, Lola.« Ausnahmsweise einmal bereitete ihm dieser Mitschüler die geringsten Sorgen. »Alles in Ordnung.« »Hmm«, machte Lola. Sie wusste, dass eben nicht alles in Ordnung war. Sie durchschaute Virgil immer. Zwischen ihnen beiden gab es ein geheimes Band. Das war schon so seit dem Tag, als Lola von den Philippinen hergekommen war, um bei Virgil und seiner Familie zu leben. Am Morgen ihrer Ankunft hatten sich Virgils Eltern und die eineiigen Zwillinge, seine Brüder, sofort auf Lola gestürzt, um sie zu begrüßen und zu umarmen. So waren sie nun mal in der Familie Salinas, mit Ausnahme von Virgil – lauter Menschen mit großen, übersprudelnden Herzen, die an überkochende Suppe erinnerten. Neben ihnen fühlte Virgil sich stets wie eine trockene Scheibe Toast. »Ay, Herr Jesus«, hatte Lola gesagt und sich die Fingerspitzen an die Schläfen gedrückt, »meine ersten Minuten in Amerika, und ich habe rasende Kopfschmerzen!« Sie hatte Virgils ältere Brüder zu sich gewinkt, die schon damals groß und schlank und muskulös waren. »Joselito, Julius, geht und bringt mir meine Koffer, ja? Währenddessen möchte ich erst einmal meinem jüngsten Enkel Guten Tag sagen.« Joselito und Julius waren gleich losgeflitzt – hilfsbereit wie immer –, und Virgils Eltern hatten der Großmutter ihren Jüngsten vorgestellt, so als wäre er ein seltenes Ausstellungsstück, das sie nicht so richtig verstanden. »Und das ist Turtle«, hatte seine Mutter gesagt. So nannten seine Eltern ihn nämlich: Turtle, wie die Schildkröte. Weil er »nie unter seinem Panzer hervorkommt«. Jedes Mal wenn sie das sagten, zerbrach etwas in ihm. Lola hatte sich vor ihn gehockt und ihm etwas ins Ohr geflüstert: »Du bist mein Liebling, Virgilio.« Dann hatte sie sich einen Finger auf die Lippen gelegt und hinzugefügt: »Aber kein Wort davon zu deinen Brüdern!« Sechs Jahre war das jetzt her, aber Virgil wusste, er war noch immer Lolas Liebling, auch wenn sie das nie mehr gesagt hatte. Lola konnte er vertrauen. Vielleicht würde er ihr irgendwann sein Geheimnis anvertrauen, das Geheimnis, das ihn zu diesem Riesenversager machte. Aber nicht jetzt. Nicht heute.

(Buchseiten 223 bis 226)

Das Schlimmste, was man sagen kann

[Es gab] immer noch drei andere Möglichkeiten, dachte Virgil: Er könnte ersticken, verhungern oder verdursten. Was davon am schlimmsten war, wusste er nicht. Vielleicht bekäme er keine Luft, oder sein Bauch würde so lange knurren, bis sein Herz stillstünde, oder sein Hals würde sich knochentrocken zusammenschnüren. Vielleicht würde ja auch alles gleichzeitig passieren. Wie viel Luft gab es überhaupt in so einem aufgegebenen Brunnen? War der Vorrat begrenzt? Wäre die Luft irgendwann aufgebraucht?

Würde Pah zurückkommen? Ein Heer von Tränen drängte von tief innen herauf, und Virgil kniff die Augen ganz fest zusammen, damit die Tränen bloß nicht herauskamen. Dann legte er den Kopf in den Nacken und schaute so hoch hinauf, wie er nur konnte. Er suchte nach Stellen, durch die Luft hereinkommen konnte. Doch wenn kein Licht hereindrang, wie konnte dann Luft einen Weg in den Brunnen finden? »Ist ja auch egal«, sagte Virgil. »Wo ich doch sowieso verhungere.« Er gab Gulliver den nächsten Löwenzahn zu fressen. Sehen konnte er sein Meerschweinchen nicht, doch er spürte, wie das Tier mit den Zähnen am Stängel zog, und hörte die leisen Kaugeräusche.

»Es tut mir so leid, Gulliver«, sagte Virgil. »Ich hab die Sache ziemlich verbockt.« Was dann geschah, war unvermeidlich. Es musste einfach passieren, auch wenn Virgil es nicht wollte. Es würde jedem passieren, ganz ehrlich. Virgil begann zu weinen. Von irgendeinem Ort tief in seinem Bauch drängten die Tränen hoch, schoben sich durch die Kehle und quollen dann zu den Augen hinaus wie Wasser aus einem tropfenden Hahn. Verzweifelt bemühte sich Virgil, sie hinunterzuschlucken. Er fand Weinen ganz schrecklich – das nasse Gesicht, die verquollenen Augen, den wunden Hals. Aber er konnte nichts dagegen machen. Die Tränen flossen immer schneller und immer heftiger, bis der Wasserhahn nicht mehr nur tropfte, sondern voll aufgedreht schien. Virgil schluchzte und schluchzte, und zwischendurch musste er nach Luft schnappen. Vielleicht war er ein Schwächling, ein Baby, eine furchtsame Schildkröte. Na und? Er hatte eben Angst. Er saß gefangen in einem tiefen Loch, ohne einen Freund in der Welt, und er hatte Angst.

Bevor man stirbt – das hatte er einmal gehört –, läuft das ganze Leben wie in einem Zeitrafferfilm vor dem inneren Auge des Sterbenden ab. Noch starb er nicht, aber einige Bilder aus seinem Leben blitzten doch in seinem Kopf auf. Er musste an Lola denken. Er dachte an ihre Hände, die sich wie Papier anfühlten. An ihre Geschichten und an das, was sie über seine Finger gesagt hatte: dass er Pianist werden solle. An all das, was er von ihr gelernt hatte – über Pah, über den Steinjungen und über die Sonnenkönigin. Nur dumm, dass sie ihm nie eine Geschichte darüber erzählt hatte, wie man aus einem Brunnen entkommt. Und jetzt würde es keine Lola-Geschichten mehr für ihn geben. Er dachte an seine Eltern und seine Brüder. An ihre Art, immer in Ausrufezeichen zu sprechen, ihre Angewohnheit, ihn damit aufzuziehen, dass er so schüchtern und so still war. Daran, dass sie nicht verstanden, wieso er im Dunkeln Angst hatte. Ihm fiel wieder ein, dass er sich oft vorgestellt hatte, er sei wie Moses in einem Körbchen im Schilf an einem Flussufer ausgesetzt worden, wo seine Mutter ihn gefunden hatte. Vielleicht hatte sie ihn hochgehoben und gesagt: »Was ist das denn! Ein elternloses Baby! Das nehme ich gleich mit nach Hause!« (Natürlich hatte sie mit lauter Ausrufezeichen in der Stimme gesprochen, wie immer.) Sie hatte ihn also mit nach Hause genommen, und er hatte schnell gemerkt, dass er eigentlich nicht in diese Familie hineinpasste, aber das war schon okay, denn sie hatten ihn trotzdem lieb. Und er sie umgekehrt auch, klar, auch wenn er sie nicht verstand. Und nun würde er sie auch nie verstehen lernen. Dann dachte er an Valencia. Er wischte sich den Rotz mit beiden Handrücken ab und rieb sich dann die Hände an der Hose trocken. Normalerweise täte er so etwas ja nicht, aber auf gutes Benehmen kam es jetzt auch schon nicht mehr an.

(Buchseiten 277/278)

Der Tiger von der Elm Street. Teil zwei

In dem Moment fiel es ihm erst auf, wie hell es im Haus war. Sogar der Geruch hatte etwas Beruhigendes. Noch nie zuvor war ihm das aufgefallen. Sogar die kühle Luft auf seiner Haut fühlte sich besonders an. Virgils Mutter war inzwischen um die Couch herumgekommen und versuchte, Santo hinauszuscheuchen. Der Hund, ganz verwirrt von Mrs. Salinas' hektischen Bewegungen, tat zwei Schritte auf die Tür zu und dann wieder zwei Schritte zurück zu Virgil. »Turtle! Er ist dreckig! Und er stinkt!« Lola legte Santo eine Hand auf den Kopf, und sofort stand der Hund ganz still. »Der braucht nur ein Bad«, sagte Lola. »Virgil wird ihn baden. Nicht wahr, Virgilio?« Sie reckte das Kinn vor und sah ihn mit einem Blick an, der ihm sagte: »Ich hab verstanden.« Aber was genau hatte sie verstanden? Du bist nicht mehr derselbe. Das hat sie verstanden. Mach die Augen auf, Bayani. Virgil blinzelte. Dann legte er eine Hand auf Santos Kopf, gleich neben Lolas Hand. »Ich wünschte, du würdest mich nicht Turtle nennen«, sagte er zu seiner Mutter. »Nenn mich Virgil. Oder Virgilio oder Bayani. Aber sag nicht Turtle.« Mrs. Salinas hörte überrascht mit ihren hektischen

Bewegungen auf und starrte ihren Sohn an. Noch nie hatte er diesen Blick in ihren Augen gesehen, und er konnte ihn nicht deuten. Was sprach aus ihm? Ärger? Trauer? Schock? Sie sieht dich gerade zum ersten Mal, Bayani. Das ist alles. Mrs. Salinas hauchte einen Kuss auf ihren Zeigefinger und drückte ihn auf Virgils Stirn. »Okay, Virgilio«, sagte sie.

Auszug aus dem Unterrichtsmaterial zu »Vier Wünsche ans Universum« zum Leitthema »Identität und Persönlichkeitsentwicklung«

Im ersten Kapitel lernst du Virgil und seine Familie kennen. Sie werden als »lauter Menschen mit großen, übersprudelnden Herzen, die an überkochende Suppe erinnerten« beschrieben. Virgil jedoch ist eine Ausnahme.

Lies auf den Buchseiten 7 bis 10 nach und beantworte die Fragen.

* Wie fühlt sich Virgil im Vergleich zu seiner Familie?
* Wie nennen ihn seine Eltern und warum?
* Was löst der Neckname in Virgil aus?

Virgil kommt nach einer traumatischen Erfahrung im Wald zurück nach Hause zu seiner Familie. Er hat einen streunenden Hund, »Santo«, dabei.

Lies die Buchseiten 277/278. Was hat sich bei Virgil bzw. dessen Familie verändert?
(Gedanken/Einstellungen/Wünsche/Verhalten)

Auszug aus dem Unterrichtsmaterial zu
»Vier Wünsche ans Universum« zur Methode »Szenenbild«

Methodenbox »Szenenbild«

Ein Szenenbild ist eine Darstellungsweise aus der Filmtechnik. Es kann ähnlich wie ein Standbild dem Betrachter die körpersprachlichen Reaktionen einer ausgewählten Handlungsfigur »spiegeln« und damit erreichen, dass ein vertiefendes Verständnis für den Gefühlszustand des Probanden entsteht.

Ein Szenenbild braucht wenige, aber zutreffende visuelle Impulse, die die gewählte Situation in der Vorstellung des Betrachters entstehen lassen.

Bezogen auf das vorliegende Textbeispiel sind dies die Dunkelheit, Abgeschiedenheit und Enge des Brunnens, die im Klassenraum durch eine zugehängte Ecke oder eine über»deckte«, hochkant gestellte Tischgruppe geschaffen werden können.

Auch Chet Bullens, ein Mitschüler Virgils, erkennt dessen Unsicherheit und nutzt jede Gelegenheit, um auf Virgil loszugehen und ihn zu verspotten. Bei einer zufälligen Begegnung im Wald reißt Chet Virgils Rucksack an sich und wirft ihn in einen alten Brunnen. Das Problem: Im Rucksack befindet sich Virgils Meerschweinchen Gulliver. Um es zu retten, beginnt Virgil den Abstieg in den Brunnen hinab. Unten angekommen, stellt er fest, dass er alleine nicht mehr hochklettern kann.

 Lies die Buchseiten 223 bis 226.

 Überlege mit einem Partner, welche Gefühle, Assoziationen oder Gedanken Virgil in der Tiefe des dunklen Brunnens hat. Notiert eure Ideen in die Mauersteine der Tabelle. Stellt anschließend Virgils Situation in einem Szenenbild dar.

Dunkelheit				

Umgang mit digitalen Medien

»Traumspringer« von Alex Rühle

für die 5. und
6. Klassenstufe

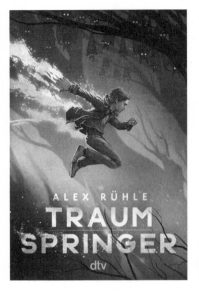

EUR 9,95 [DE]
ISBN: 978-3-423-71892-9
256 Seiten

Zum Inhalt

Leon ist ein Traumspringer. Er kann unbemerkt in die Träume von anderen schlüpfen. Aber nicht nur das: Eines Nachts taucht er ein in eine verborgene und geheime Welt. Hier sammeln und archivieren Morpheus und seine Geschwister seit vielen Tausend Jahren die Träume der Menschen. Doch Morpheus, der Hüter der Nacht, ist dringend auf Leons Hilfe angewiesen. Nur Leon kann wie ein nächtlicher Agent zwischen Tag- und Traumwelt hin- und herspringen und so herausfinden, was Morpheus' Bruder Krato im Schilde führt. Denn nach einem Streit ist Krato spurlos verschwunden. Er hat gedroht, die Traumarchive zu plündern. Will er etwa die Träume der Menschen zu Geld machen und in ein einzigartig neues Handyspiel verwandeln?

- Ein absolut packendes und fantasievolles Abenteuer, das sofort in den Bann zieht
- Originelles Thema: Manipulation von Träumen
- Der erfolgreiche Kinderbuchautor Alex Rühle steht für Schullesungen zur Verfügung

Zum Autor

© Heike Bogenberger

Alex Rühle, geboren 1969, studierte Literaturwissenschaften, Philosophie und Französisch in München, Berlin und Paris und arbeitet seit 2001 als Redakteur und Kulturreporter im Feuilleton der »Süddeutschen Zeitung«. Rühle schreibt Sachbücher und sehr erfolgreiche Kinderbücher, u. a. »Zippel – ein Schlossgespenst auf Geisterfahrt«. Er erhielt mehrere Preise, zuletzt 2022 den Ernst-Hoferichter-Preis. Er lebt mit seiner Familie in München und Stockholm.

Zum Unterrichtsmaterial

Das Unterrichtsmaterial zu »Traumspringer« wurde herausgegeben von Marlies Koenen und erarbeitet von Renate Zerbe.

Thematik
- Umgang mit digitalen Medien
- Träume
- Flüchtlinge
- Freundschaft
- Mobbing
- Griechische Mythologie

Methodische Schwerpunkte
- Persönliche Stellungnahmen entwickeln
- Gedichtformen textgebunden erproben
- Recherchestrategien funktional einsetzen
- Digitale und nicht-digitale Medien nutzen

Das komplette Unterrichtsmaterial finden Sie hier:

www.dtv.de/traumspringer

Textauszug aus »Traumspringer« von Alex Rühle

Leon wird in der Gruppe um den Klassenking Max meist nur geduldet. Max' Vater arbeitet in einer Computerfirma, und seit Max »Das Spiel« an zehn Mitschüler verteilt hat, sind alle regelrecht süchtig danach. Seit Leon sich mit Elias, einem Geflüchteten aus Tschetschenien, angefreundet hat, fühlt er sich nicht mehr so an den Rand gedrängt. In der Schule klaut Max ein Buch von Elias. Leon muss sich entscheiden, ob er Elias hilft oder dem Gruppenanführer Max die Treue hält ...

(Buchseiten 101 bis 105)

Streit um Elias' Buch

Am Abend ist dann noch was Blödes passiert. Mit Papa. Der will ja immer wissen, wie mein Tag war. Wenn ich dann sage »gut« oder »wir waren draußen«, reicht ihm das nie, und er fragt mir ein Loch in den Bauch. Ich hab aber meistens keine Lust, viel zu erzählen. Diesmal war es anders. Ich wollte ihm vom Schuppen erzählen. Genauer gesagt von dem Streit, den ich nach der Schule noch mit Max und Robert gehabt hatte. Wegen Elias. Es war nämlich so: Wir hatten ausgemacht, dass wir den Schuppen zu Ende anmalen. Aber dann haben wieder nur Nina und ich gepinselt. Max und Robert saßen da und haben »Das Spiel« gezockt. Robert hatte einen eigenen Spieler, der Enno hieß und vor seinen Verfolgern durch ein Labyrinth von U-Bahn-Gängen flüchtete. Als wir uns in der Hütte trafen, saßen die beiden schon über ihre Spiele gebeugt. Ich hab ihnen erst zugeschaut, Max musste seinen Antec wieder durch einen dichten Wald lotsen, und Roberts Enno sprang in eine anfahrende U-Bahn, um seine Feinde abzuschütteln, und drängelte sich dann panisch durch den überfüllten Waggon. Als ich nach zehn Minuten fragte, ob wir nicht mal malern wollen, sagte Robert, ich soll die Klappe halten. Max sagte gar nichts, der hörte einen gar nicht mehr, wenn er mit Antec im Wald unterwegs war. Also hab ich mit Nina allein angefangen. Zuerst war das ja auch okay. Ich liebe den Geruch von Farbe. Fast so sehr wie den Geruch von Benzin an der Tankstelle. Und es war schön, so zu malern. Ab und zu rauschte draußen ein Zug vorbei. Ansonsten hörte man nur die U-Bahn-Geräusche aus Roberts Spiel, das rasend schnelle Tastengedaddel von ihm und Max und Ninas leise quietschende Malerrolle. Aber während ich so malte, fiel mir Elias wieder ein. Sein krasser Wutanfall am Morgen. Als ich schließlich um eines der verlassenen Schwalbennester herumstrich, nahm ich all meinen Mut zusammen und sagte: »Ihr müsst Elias sein Buch zurückgeben.« Schweigen. Das Quietschen von Ninas Farbrolle hörte auf. Ich drehte mich zu ihr um. Sie schaute auf die krummen Rücken der beiden Jungs runter. »Hey«, sagte sie. Dann noch mal: »Hey, ihr!« Ein langer weißer Farbfaden tropfte von ihrer Rolle zu Boden. Max und Robert reagierten gar nicht. Daddeldaddeldaddel, Schreie, daddeldaddeldaddel. Nina sah mich an und zuckte mit den Schultern.

Ich stieg von der kleinen Leiter, stellte mich neben Robert und hielt meine Farbrolle über sein Handy. Er nahm mich immer noch nicht wahr. Enno war mittlerweile in einen der U-Bahn-Tunnel gerannt und lief auf den Gleisen durchs Dunkel. Man hörte nur sein Keuchen, dann sah man die Lichter einer U-Bahn, die schnell näher kam, und dann verdeckte plötzlich ein ziemlich großer roter Farbfleck die Sicht. Da ist Robert völlig ausgerastet. Erst schaute er perplex von der roten Farbe zu mir und der tropfenden Rolle auf und dann wieder zurück. Die Farbe verlief, das ganze Display war voll. »Tschuldige«, sagte ich, »das wollte ich nicht.« Aber Robert sprang auf, packte mich am T-Shirt und drückte mich an die frisch gestrichene Wand. Ich rief: »Hey, du Idiot, die Farbe ist noch nass!« Er reagierte gar nicht darauf, sondern quetschte mit der Hand meine Backen zusammen und zischte: »Mach das nie wieder! Nie. Wieder. Okay?« Max schaute überrascht auf: »Was ist los?« »Leon ist ein Arschloch«, sagte Robert. »Lass uns gehen.« Und weg war er. Max schaute ihm nach. Wahrscheinlich überlegte er, ob er ihm hinterhersollte. Ich setzte mich direkt neben ihn, stupste ihn an und sagte leise: »Träumst du eigentlich jede Nacht von dem Spiel?« »Wie? Was meinst du?«, fragte er verdutzt. Ich ging ganz nah an sein Gesicht, schaute ihm direkt in die Augen und sagte: »Du und Antec. Dein Traum. Vorletzte Nacht. Ihr lauft beide durch den Wald. Die zwei schwarzen Frauen.« Max lehnte sich von mir weg und runzelte die Stirn. Er machte den Mund auf, sagte aber nichts. Volltreffer. Ich sagte: »Es ist dunkel, du läufst ein paar Meter hinter ihm, steuerst Antec durch den Wald, und irgendwann ruft deine Mama. Kommt dir das bekannt vor?« Er sagte leise: »Wo... woher weißt du ...?« »Ich weiß es halt.« Er sah sich kurz zu Nina um, die von der Leiter aus zuhörte und mich ähnlich verblüfft ansah wie Max. Max sprang auf, rief: »Arschloch«, und rannte Robert hinterher.

Als ich Papa abends vom Schuppen erzählen wollte und davon, dass Max und Robert zu nichts mehr zu gebrauchen waren, sagte er nur: »Ja, der Hammer. Das Spiel ist der Wahnsinn.« Zuerst hab ich ihn gar nicht verstanden. »Welches Spiel?« »Na, ›Das Spiel‹. Ich hab's heute in die Zeitung geschickt bekommen. Zum Testen. Das ist wirklich beeindruckend. Die krassen Verfolgungsjagden. Der Sound, die Bilder, das Display, unglaublich. Du meinst, du bist mittendrin. In einer echten Geschichte. Dabei ist es ja nur so ein kleines Kästchen und ... Was hast du denn?« »Oh Mann, Papa, ich erzähl dir, wie scheiße die waren, und du schwärmst ausgerechnet von dem Spiel.« »Die beiden? Aber, Leon, da stehst du doch drüber!«

»Nein, da steh ich drunter!« Gute Antwort, oder? Zehn Punkte für meine Schlagfertigkeit! Fiel mir nur leider nicht in dem Moment ein, sondern erst viel später, als Papa drüben im Wohnzimmer »Das Spiel« zockte, während ich im Bett lag und wütend war. Ist eigentlich immer so, die richtigen Antworten fallen mir nie ein, wenn ich sie brauche. Als Papa sagte, dass ich da doch drüberstehe, hab ich nur stumm den Kopf geschüttelt und bin in mein Zimmer gegangen.

Auszug aus dem Unterrichtsmaterial zu »Traumspringer« zum Leitthema »Umgang mit digitalen Medien«

 Beantworte die Fragen zunächst für dich.

Um ein breites Stimmungsbild zu erhalten, verteilt die Fragebogen in unterschiedlichen Klassen/bei Bekannten/Nachbar:innen und Freund:innen. Wertet anschließend eure Umfrage aus. Gibt es Gemeinsamkeiten/Unterschiede bzgl. der Altersgruppen/Geschlechter? Gibt es bevorzugte Spiele?

Spielst du digitale Spiele? Wenn ja, welche Spiele spielst du gern am PC/Tablet/Smartphone?

_____

Warum spielst du?

_____

Wie lange und wie oft spielst du?

_____

Worum geht es bei deinen Spielen?

_____

Was gefällt dir bzw. gefällt dir nicht daran?

_____

Spielst du allein oder mit anderen?

_____

Wie fühlst du dich während des Spiels?
Verändern sich deine Gefühle über die Dauer des Spiels?

_____

Kannst du ein Spiel empfehlen?

Was unternehmen Firmen, um Kund:innen für ihre Spiele zu gewinnen
bzw. sie als Kund:innen zu halten?

**Auszug aus dem Unterrichtsmaterial zu »Traumspringer«
zur Methode »Plenumsdiskussion«**

Methodenbox »Plenumsdiskussion«

Bei einer Plenumsdiskussion können alle Schüler:innen
einer Klasse beteiligt werden.

Eine oder einer von ihnen ist Diskussionsleiter:in.

Er/sie sollte sich auf diese Aufgabe zunächst inhaltlich vorbereiten,
und zwar unter folgenden Fragestellungen:

• Was ist das Thema der Diskussion?

• Welche inhaltlichen Positionen ergeben sich daraus?

• Was sollte das Ziel der Diskussion sein?

• Welche Gesprächsregeln sollten genannt werden?

• Wie viel Zeit steht für die Diskussion insgesamt zur Verfügung?

Im Verlauf der Diskussion ist es wichtig, dass

• Teilergebnisse zusammengefasst werden

• klärende und weiterführende Fragen gestellt werden

Am Ende der Diskussion sollte(n)

• das Diskussionsergebnis genannt werden

• eventuelle Folgerungen (offene Fragen) daraus abgeleitet werden

• ein Schlusswort gesprochen werden

Lies den Textauszug (Buchseiten 101 bis 105) aus dem Roman »Traumspringer«. Wie verhalten sich die beiden Spieler Max und Robert in der Szene mit Nina und Leon? Wie reagiert Leons Papa am Abend auf Leons Erzählung?

 Diskutiert im Plenum, wie ihr zu Computerspielen steht. Sammelt zuvor Pro- und Contra-Argumente zu Computerspielen.

Ihr könnt folgende Rollen im Plenum verteilen: Spielehersteller:in, Politiker:in, Eltern, Spieler:in, Profi-Spieler:in, Lehrer:in, Pressevertreter:in, Hirnforscher:in ...

Diese Links können euch bestimmt nützlich sein:

www.klicksafe.de, www.spielbar.de, www.medienscouts-nrw.de, www.onlinesucht-ambulanz.de

Alternative:

Tragt eure Ideen in einem Brainstorming zusammen.

Gestaltet nun in einer Vierergruppe ein Infoplakat für Jugendliche eurer Altersgruppe zum Thema »Digitale Spiele«.

Normalsein – Anderssein

»Wunder« von R. J. Palacio

für die 6. und
7. Klassenstufe

EUR 9,95 [DE]
ISBN: 978-3-423-62589-0
448 Seiten
Aus dem Englischen von
André Mumot

Zum Inhalt

August ist zehn Jahre alt und lebt mit seinen Eltern und seiner Schwester Via in New York. August ist schlagfertig, witzig und sensibel. Eigentlich könnte also alles ganz normal sein in seinem Leben. Doch eines trennt August von seinen Altersgenossen: Sein Gesicht ist entstellt, und unzählige Operationen hat er schon über sich ergehen lassen müssen. Das ist auch der Grund, warum er noch nie auf einer öffentlichen Schule war und bisher zu Hause unterrichtet wurde. Das neue Jahr aber soll alles ändern. August wird in die fünfte Klasse der Bezirksschule gehen, und natürlich hat er Angst. Angst davor, angestarrt und ausgegrenzt zu werden. Doch August wäre nicht August, würde er nicht auch diese Herausforderung mit Bravour meistern!

- Ausgezeichnet mit dem Deutschen Jugendliteraturpreis
  (Preis der Jugendjury)
- Plädoyer für ein empathisches Miteinander
- Aus verschiedenen Perspektiven erzählt

Zur Autorin

© Heike Bogenberger

R. J. Palacio lebt mit ihrem Mann und ihren beiden Söhnen in New York. 20 Jahre lang gestaltete sie als Art Director die Cover für die Bücher anderer Leute und wartete auf den richtigen Moment, ihr eigenes Buch zu schreiben. Dann traf sie eines Tages einen ganz besonderen Jungen, und der Moment war gekommen. »Wunder« ist ihr erster Roman.

Zum Unterrichtsmaterial

Das Unterrichtsmaterial zu »Wunder« wurde herausgegeben von Marlies Koenen und erarbeitet von Elvira Waldmann (Buch) und Marlies Koenen (Film).

Unterrichtspraxis
Reihe Hanser in der Schule

Raquel J. Palacio: **Wunder**

Buch
Reihe Hanser 62589

Buch zum Film
Reihe Hanser 8654

Thematik:
Inklusive Schule und Miteinander lernen,
Anderssein und Gemeinsamkeiten,
Freundschaft und Konflikte,
Bedürfnisse und Gefühle

Herausgegeben von:
Marlies Koenen

Klasse: 6-7
Erarbeitet von:
Elvira Waldmann (Buch)
Marlies Koenen (Film)

Thematik
- Normalsein – Anderssein
- Inklusive Schule und miteinander lernen
- Freundschaft und Konflikte
- Bedürfnisse und Gefühle

Methodische Schwerpunkte
- Texte in ihrem Kontext analysieren und reflektieren
- Die Wahrnehmung einer Person in ein Akrostichon übertragen
- Eine Stimmung mit Symbolen, Farben und figürlich gestalten
- Ein Rollenspiel zur Klärung von Missverständnissen entwickeln

Das komplette Unterrichtsmaterial finden Sie hier:

www.dtv.de/wunder

Textauszug aus dem Roman »Wunder« von R. J. Palacio

August ist mit einem entstellten Gesicht zur Welt gekommen und fragt sich, ob er ein normaler Junge ist. Er hat zahllose Operationen hinter sich und war bisher nie auf einer öffentlichen Schule. Jetzt ist er zehn Jahre alt, und vieles soll sich ändern ...

(Buchseiten 9/10)

Normal

Ich weiß, dass ich kein normales zehnjähriges Kind bin. Ich meine, klar, ich mache normale Sachen. Ich esse Eis. Ich fahre Fahrrad. Ich spiele Ball. Ich habe eine Xbox. Solche Sachen machen mich normal. Nehme ich an. Und ich fühl mich normal. Innerlich. Aber ich weiß, dass normale Kinder nicht andere normale Kinder dazu bringen, schreiend vom Spielplatz wegzulaufen. Ich weiß, normale Kinder werden nicht angestarrt, egal, wo sie hingehen. Wenn ich eine Wunderlampe finden würde und einen Wunsch frei hätte, würde ich mir wünschen, ein normales Gesicht zu haben, das nie jemandem auffallen würde. Ich würde mir wünschen, dass ich die Straße entlanggehen könnte, ohne dass die Leute diese Sache machen, sobald sie mich sehen, dieses Ganz-schnell-woanders-Hinschauen. Ich glaube, es ist so: Der einzige Grund dafür, dass ich nicht normal bin, ist der, dass mich niemand so sieht. Aber inzwischen bin ich es irgendwie schon gewohnt, dass ich so aussehe. Ich kann so tun, als würde ich nicht merken, was die Leute für Gesichter machen. Wir sind alle schon ganz gut darin: ich und Mom und Dad und Via. Nein, ich nehm das zurück: Via ist nicht so gut darin. Sie kann echt sauer werden, wenn die Leute gemein sind. Einmal auf dem Spielplatz zum Beispiel, da haben einige ältere Kinder so Geräusche gemacht. Ich weiß nicht mal, was genau das für Geräusche sein sollten, weil ich sie gar nicht selber gehört habe, aber Via hat sie gehört, und sie hat gleich angefangen, die Kinder anzubrüllen. So ist sie eben. Ich bin nicht so. Für Via bin ich nicht normal. Sie behauptet es, aber wenn ich normal wäre, hätte sie nicht so sehr das Gefühl, mich beschützen zu müssen. Und auch Mom und Dad halten mich nicht für normal. Sie halten mich für etwas ganz Besonderes. Ich glaube, der einzige Mensch auf der Welt, der merkt, wie normal ich wirklich bin, bin ich. Ich heiße übrigens August. Ich werde nicht beschreiben, wie ich aussehe. Was immer ihr euch vorstellt – es ist schlimmer.

(Buchseiten 11/12)
Warum ich nicht zur Schule gehe
Nächste Woche komme ich in die fünfte Klasse. Da ich noch nie auf eine richtige Schule gegangen bin, stehe ich total und komplett neben mir. Die Leute glauben, ich wäre nie zur Schule gegangen, weil ich so aussehe, aber das ist es nicht. Es liegt an all den Operationen, die ich gehabt habe. Siebenundzwanzig seit meiner Geburt. Die größeren wurden durchgeführt, bevor ich vier war, an die kann ich mich nicht mehr erinnern. Aber seitdem hatte ich jedes Jahr etwa zwei oder drei (größere und weniger große), und weil ich klein bin für mein Alter und die Medizin auch vor einige Rätsel stelle, die die Ärzte einfach nicht lösen können, war ich oft krank. Deshalb hatten meine Eltern entschieden, dass es besser wäre, wenn ich nicht zur Schule gehen würde. Jetzt bin ich aber viel kräftiger. Meine letzte Operation liegt schon acht Monate zurück, und wahrscheinlich wird auch in den nächsten paar Jahren keine weitere nötig sein. Mom unterrichtet mich zu Hause. Sie war früher Kinderbuchillustratorin.

Ich kann nicht behaupten, dass ich schon immer zur Schule gehen wollte, denn das wäre nicht ganz wahr. Ich wäre gern zur Schule gegangen, aber nur wenn ich wie jedes andere Kind gewesen wäre, das zur Schule geht. Viele Freunde haben und nach der Schule zusammen abhängen und so.

(Buchseiten 17 bis 19)

Bei Christopher

»Findest du nicht, dass du bereit für die Schule bist, Auggie?«, fragte Mom. »Nein«, sagte ich. »Ich auch nicht«, sagte Dad. »Dann war's das, die Sache ist erledigt«, sagte ich, zuckte mit den Schultern und setzte mich auf ihren Schoß, als wäre ich ein Baby. »Ich glaube einfach, dass du mehr lernen musst, als ich dir beibringen kann«, sagte Mom. »Ich meine, komm schon, Auggie, denk dran, wie schlecht ich im Bruchrechnen bin!« »Welche Schule?«, fragte ich. Mir war schon nach Weinen zumute. »Beecher Prep. Direkt bei uns um die Ecke.« »Wow, das ist ne tolle Schule, Auggie«, sagte Lisa und streichelte mein Knie. »Warum nicht Vias Schule?«, fragte ich. »Die ist zu groß«, antwortete Mom. »Ich glaube, die würde nicht gut zu dir passen.« »Ich will nicht«, sagte ich. Ich geb's zu: Ich ließ meine Stimme ein bisschen babyhaft klingen. »Du musst nichts tun, was du nicht willst«, sagte Dad, kam herüber und hob mich von Moms Schoß. Er setzte sich auf die andere Sofaseite und nahm mich auf den Schoß. »Wir werden dich nicht zwingen, irgendwas zu tun, was du nicht willst.« »Aber es wäre gut für ihn, Nate«, sagte Mom. »Nicht, wenn er es nicht will«, erwiderte Dad und schaute mich an. »Nicht, wenn er noch nicht bereit dafür ist.« Ich sah, wie Mom Lisa anschaute, die ihren Arm ausstreckte und Moms Hand drückte. »Ihr werdet das Richtige tun«, sagte sie zu Mom. »Das habt ihr doch immer.« »Lasst uns einfach später darüber reden«, sagte Mom. Ich merkte schon, dass sie und Dad sich darüber streiten würden. Ich wollte, dass Dad den Streit gewann. Auch wenn ein Teil von mir wusste, dass Mom recht hatte. Und die Wahrheit ist, sie war wirklich furchtbar schlecht im Bruchrechnen.

Die Fahrt

»Wir können ihn nicht weiter abschirmen«, flüsterte Mom Dad zu, der den Wagen fuhr. »Wir können nicht so tun, als würde er morgen aufwachen und das alles wäre nicht mehr die Realität, denn das wird nicht passieren, Nate. Wir müssen ihm helfen, dass er lernt, damit umzugehen. Wir können nicht weiterhin alle Situationen vermeiden, die …« »Aber ihn zur Middle School zu schicken wie das Lamm zur Schlachtbank …«, antwortete Dad wütend, doch er beendete den Satz nicht, weil er im Rückspiegel sah, wie ich aufschaute. »Was meinst du mit Schlachtbank?«, fragte ich schläfrig. »Schlaf weiter, Auggie«, sagte Dad sanft. »In der Schule werden mich alle anstarren«, sagte ich und fing plötzlich an zu weinen. »Schatz«, sagte Mom. Sie drehte sich um und legte ihre Hand auf meine Hand. »Du weißt, wenn du das nicht tun willst, musst du es auch nicht. Aber wir haben mit dem Schulleiter gesprochen und ihm von dir erzählt, und er möchte dich wirklich gerne kennenlernen.« »Was habt ihr ihm von mir erzählt?« »Wie witzig du bist und wie freundlich und klug. Als ich ihm gesagt habe, dass du schon mit sechs Drachenreiter gelesen hast, hat er nur gesagt: Wow, den Jungen muss ich kennenlernen.« »Hast du ihm sonst noch was erzählt?«, fragte ich. Mom lächelte mich an. Ihr Lächeln kam mir irgendwie wie eine Umarmung vor. »Ich hab ihm von all deinen Operationen erzählt und davon, wie tapfer du bist«, sagte sie. »Also weiß er, wie ich aussehe?«, fragte ich. »Tja, wir hatten Fotos vom letzten Sommer in Montauk dabei«, sagte Dad. »Wir haben ihm Fotos von der ganzen Familie gezeigt. Auch den tollen Schnappschuss, wo du die Flunder im Boot hochhältst.« »Du warst auch dabei?« Ich muss zugeben, ich war ein wenig enttäuscht, dass er bei alldem mitgemacht hatte. »Wir haben beide mit ihm gesprochen, ja«, sagte Dad. »Er ist ein wirklich netter Mann.«

Auszug aus dem Unterrichtsmaterial zu »Wunder»
zum Leitthema »Normalsein – Anderssein«

August ist anders
August sagt zu Beginn: »Ich weiß, dass ich kein normales zehnjähriges Kind bin.«

 Lies die Buchseiten 9/10 und erkläre, was er damit meint.

Der Ich-Erzähler wünscht sich, normal zu sein. Woran erkennst du das? Notiere dir anhand des Textes entsprechende Stichpunkte.

Bereit für die Schule
August steht vor der Entscheidung, zu Beginn des 5. Schuljahres eine Regelschule zu besuchen. Das würde er einerseits gern tun, andererseits hat er Befürchtungen.

 Lies die Textpassagen aus den Buchseiten 11 bis 21. Wie fühlt sich August im Hinblick auf diese Entscheidung? Trage deine Einschätzung im »Stimmungsthermometer« auf der Skala von 1–10 ein. 1 bedeutet große Angst (Kälte), 10 bedeutet hohe Selbstsicherheit (Wärme).

1   2   3   4   5   6   7   8   9   10

Was verunsichert und was ermutigt August? Stelle in einer Tabelle dar, was für und was gegen den Schulbesuch spricht. Nutze dazu ein Extrablatt. Beziehe dich auf entsprechende Stellen im Text.

 An welchen Aussagen auf der Buchseite 21 merkst du, dass August es schaffen kann? Lies sie einem Partner vor.

**Auszug aus dem Unterrichtsmaterial zu »Wunder«
zur Methode »Kugellager«**

Methodenbox »Kugellager«

Die Methode »Kugellager« wird eingesetzt, um einen Austausch innerhalb einer größeren Schüler:innengruppe zu ermöglichen. Dazu werden ein Innen- und ein Außenkreis bei gleicher Teilnehmer: innenzahl gebildet. Jede:r Beteiligte hat also ein Gegenüber. Mit dieser bzw. diesem findet ein Austausch über die erste der nachstehenden Fragen statt.

Nach etwa fünf Minuten beendet ein akustisches Signal das Gespräch und die Schüler:innen im Innenkreis gehen daraufhin im Uhrzeigersinn zwei Plätze weiter.

Ein erneutes Signal sowie eine weitere Frage »läuten« dann ein nächstes Gespräch mit einem/r anderen Partner:in ein.

Fragen:
- Was hat dich beim Lesen des Romanauszuges ganz besonders bewegt?
- Welche Stärken und Schwächen hat August?
- Was könnte man tun, um eine:n neue:n Mitschüler:in in die Klassengemeinschaft zu integrieren?
- Wie sollte Schule sein, damit sich jede:r dort wohlfühlt?

Mobbing und die Macht der Sprache

»Nennt mich nicht Ismael!« von Michael Gerard Bauer

für die 7. und
8. Klassenstufe

EUR 9,95 [DE]
ISBN: 978-3-423-62435-0
304 Seiten
Aus dem Englischen von Ute Mihr

Zum Inhalt

Es gibt ungewöhnliche, unaussprechliche und unerträgliche Vornamen – und es gibt den Vornamen Ismael. Das ist der schlimmste – findet Ismael. Doch er hat gelernt, auf Spott zu reagieren: Abtauchen! Das ändert sich schlagartig, als James Scobie in die Klasse kommt. Im Gegensatz zu Ismael hat er vor niemandem Angst. Gegen Klassenrowdys hat er seine eigene Waffe: die Sprache. Um sie zu schulen, gründet er einen Debattierclub. Doch Ismael hat panische Angst, vor Publikum zu sprechen. Wären da nicht seine Debattierkollegen, würde das vermutlich auch so bleiben. Aber weil sie sich wortgewaltig für ihn einsetzen, steht auch Ismaels verbalem Aufstand bald nichts mehr im Wege.

- Die perfekte Gebrauchsanweisung gegen Mobbing
- Ein kleines dramaturgisches Meisterwerk, das ein ernstes Thema mit herrlicher Leichtigkeit direkt dorthin transportiert, wo es hingehört: in die Herzen der Leser.« Siggi Seuss, *Süddeutsche Zeitung*

Zum Autor

© Felice Arena

Michael Gerard Bauer, geboren 1955, lebt mit seiner Familie in der australischen Stadt Brisbane als Kinder- und Jugendbuchautor. Sein Debüt »Running Man« wurde für den Deutschen Jugendliteraturpreis nominiert. Das Jugendbuch »Nennt mich nicht Ismael!« entwickelte sich rasch zu einem internationalen, vielfach ausgezeichneten Bestseller.

Zum Unterrichtsmaterial

Das Unterrichtsmaterial zu »Nennt mich nicht Ismael!« wurde herausgegeben von Marlies Koenen und erarbeitet von Julia Beyer.

Thematik

- Mobbing und die Macht der Sprache
- Freundschaft
- Zivilcourage

Methodische Schwerpunkte

- Assoziatives Entwickeln eines Handlungsgeschehens
- Die Bedeutung von Sprachnuancen erkennen
- Ein »Kampfgedicht« schreiben und vortragen
- Einen Tagebucheintrag verfassen und handlungsbezogen ergänzen

Das komplette Unterrichtsmaterial finden Sie direkt hier:

www.dtv.de/nennt-mich-nicht

Textauszug aus dem Roman »Nennt mich nicht Ismael!«
von Michael Gerard Bauer

*Als James Scobie neu in die Klasse kommt, lernt Ismael durch ihn die
Macht der Worte kennen und wie man sich gegen fiese Bullys zur Wehr
setzt.*

(Buchseiten 77 bis 82)
Barry, der Böse, gegen James, die Grimasse
Ohne eine weitere Bemerkung schritt Mr Barker aus dem Klassen-
zimmer. Ein paar Minuten später schlug die erste Rakete ein. Sie
schoss über James Scobies Kopf, hüpfte über den Tisch und ver-
schwand zwischen Beinen und Füßen. Die nächste traf James Scobie
am Hinterkopf, prallte ab und schlug auf seinem Arbeitsbuch ein.
Scobie nahm das kompakt zusammengerollte Papier und drehte es in
den Händen wie ein forensisches Beweisstück. Barry Bagsleys Stimme
floss durch den Raum wie zähe Farbe.

»He, E.T., musst du nicht mal zu Hause anrufen?«

*Also, passt auf. Für solche Situationen bin ich Fachmann. Am bes-
ten verhältst du dich folgendermaßen: Tu so, als wäre nichts geschehen.
Mr Barker ist bald wieder zurück. Vergiss es. Ignorier es einfach. Und
dreh dich um Himmels willen nicht um.*

James Scobie drehte sich um.

*Na gut, wirf einen kurzen Blick nach hinten, aber suche auf kei-
nen Fall Blickkontakt und fang vor allen Dingen nicht an hinzustar-
ren.*

James Scobie starrte hin.

Oh Gott.

»Was guckst du so, du verrückter außerirdischer Spasti?«

*Das klang ein bisschen nach etwas, das Miss Tarango eine rhetori-
sche Frage nennen würde. Eine solche Frage erfordert keine Antwort.
Also beantworte sie auch nicht!*

»Ich weiß nicht recht«, antwortete James Scobie gedankenschwer, als säße er bei *Wer wird Millionär* auf dem Stuhl.

»Wie du betont hast, bin ich neu auf eurem Planeten, aber aufgrund der mir verfügbaren Daten würde ich sagen, dass ich eine rudimentäre Form von Leben vor mir habe.«

Wie bitte?!

»Entschuldigung«, sagte Barry Bagsley übertrieben besorgt. »Ich wollte nicht grob sein.«

Wie bitte?

Ich fürchte fast, dass Barry Bagsley nicht wusste, was »rudimentär« bedeutet.

»Definitiv rudimentär«, murmelte James Scobie vor sich hin.

Inzwischen schauten alle in der Klasse von ihren Büchern auf oder drehten sich auf ihren Stühlen, um zu sehen, was als Nächstes geschehen würde. Sogar Bill Kingsley hatte reagiert, aber wahrscheinlich nur auf die Erwähnung von E. T. Scobie und Barry Bagsley standen sich gegenüber wie im Showdown eines alten Westerns: Barry, der Böse, gegen James, die Grimasse. Man spürte förmlich, wie die Straße sich leerte.

»Hast du ein Problem, Frettchen-Visage? Ist dir was die Nase hochgekrochen?«

James Scobie schob seine Brille nach oben und runzelte leicht die Stirn.

»Wie wär's, wenn du dich jetzt wieder umdrehst, du Mutant, oder soll ich dir den Schädel einschlagen. Ich kann ihn dir schon einschlagen, wenn es das ist, was du willst.«

James Scobie hielt Barry Bagsleys wütendem Blick noch ein paar Sekunden stand, drehte sich um und arbeitete weiter, als wäre nichts geschehen. Augenblicklich flog ein Papierball von der Größe eines kleinen Planeten gegen James Scobies Schläfe, sodass seine Brille nur noch schräg auf einem Ohr hing. Beifällige Bravorufe ertönten aus den hinteren Reihen der Klasse.

»He, was stinkt da? Bist du das Pissoir, oder hat sich der Rattenjunge gerade in die Hosen gescheißt?«

James Scobie setzte langsam die Brille ab und hielt sie in der Hand. Seine Augen rollten zur Decke, während sein Mund sich zuerst nach links und dann nach rechts verzog. Nachdem er die Brille wieder aufgesetzt hatte, beugte er sich seitlich unter den Tisch, hob den Papierball auf, trug ihn langsam nach vorn und warf ihn in den Papierkorb. Der Blick eines jeden Jungen in der Klasse folgte James Scobies Bewegungen wie Eisenspäne einem Magneten. Scobie schritt gemächlich den Gang entlang, aber er blieb nicht stehen, als er seinen Platz erreicht hatte, sondern ging weiter, bis er direkt vor Barry Bagsley stand. Dann fing er ruhig an zu sprechen.

»Als du sagtest, du könnest mir den Schädel einschlagen, hattest du zweifellos recht. Ich hätte kaum eine Chance, dich davon abzuhalten. Aber falls du dich für diese Handlungsweise entscheiden solltest, möchte ich dich warnen, denn ich würde umgehend die entsprechenden Autoritäten informieren: Miss Tarango, Mr Barker, Bruder Jerome und natürlich meinen Vater. Ich müsste auch darauf bestehen, dass die Polizei eingeschaltet wird, denn ein ›eingeschlagener Schädel‹ fiele sicherlich unter den Tatbestand ›schwere Körperverletzung‹. Natürlich würden mein Vater und ich einen Rechtsanwalt konsultieren. Übrigens würde ich vorschlagen, dass du das dann ebenfalls möglichst rasch tust. Ich würde mich einer gründlichen medizinischen Untersuchung unterziehen, falls Schadenersatzzahlungen berechnet werden müssten, Arztrechnungen, emotionale oder psychische Folgeschäden und so weiter. In diesem Stadium müssen die Medien wohl noch nicht eingeschaltet werden. Es handelte sich schließlich um einen isolierten Vorfall. Ich würde ja nicht wollen, dass der Ruf der Schule unnötig leidet. Aber wenn es noch einmal vorkäme oder wir Hinweise auf andere Opfer oder Anzeichen für eine Vorgeschichte mit Gewalttaten und Einschüchterungsversuchen deinerseits fänden … nun ja, du weißt, wie sehr Zeitungen und Fern sehmagazine diese Art von schonungslos offener, investigativer Berichterstattung lieben.«

James Scobie hielt inne und schob die Unterlippe nach vorn.

»Was ich damit sagen will: *Technisch* gesehen hast du völlig recht damit, dass du mir den Schädel einschlagen kannst, aber angesichts all der Gründe, die ich gerade ausgeführt habe, muss ich dringend davon abraten. Was nun den Umstand betrifft, dass ich mir in die Hose ›gescheißt‹ haben soll. Glaubst du eigentlich, dass dies eine akzeptable Form der Vergangenheitsbildung ist? Ich würde gern wissen, was die Experten dazu meinen. Egal, ich nehme an, du wolltest mit deiner Bemerkung nicht andeuten, dass ich inkontinent bin, sondern dass du glaubst, deine bloße Anwesenheit habe meinen Körper mit einem solchen Ausmaß an Angst erfüllt, dass ich damit nur fertigwerden konnte, indem ich unwillkürlich meinen Darm entleerte. An diesem Punkt muss ich dich darüber in Kenntnis setzen, dass du irrst.«

Die Klasse starrte James Scobie an. Etwas stimmte hier nicht. So lief das normalerweise nicht. Wenn Barry Bagsley einem drohte, zog man sich zurück. So war es, und so war es immer gewesen. Man konnte es nicht einfach anders machen, einfach tun, was man wollte. Die ganze Klasse war eine einzige gerunzelte Stirn. Etwas ging hier vor, wir wussten nur nicht genau, was. Vielleicht war das so ähnlich wie damals vor vielen Jahren im Rugby College in England, als der Schüler Web Ellis den Fußball zum ersten Mal mit der Hand aufnahm und anfing zu rennen. Vielleicht standen alle einfach da, völlig perplex durch die schlagartige Erkenntnis, dass man auch nach ganz anderen Regeln spielen könnte.

»Du bist verrückt, Spatzenhirn. Warum verschwindest du nicht einfach, bevor du dir auch noch in die Hosen pisst?«

Zum Glück gab es, zumindest für Barry Bagsley, keine Situation, auf die eine Beleidigung nicht eine akzeptable Reaktion gewesen wäre. James Scobie dachte gebührend lang über Barrys Bemerkung nach, bevor er antwortete:

»Natürlich weiß man selbst am wenigsten, wie es um die eigene geistige Gesundheit bestellt ist, nur ein Psychiater kann das richtig beurteilen. Ich *glaube* jedoch nicht, dass ich verrückt bin. Und eines weiß ich sicher: Egal ob ich verrückt bin oder nicht, ich weiß, dass ich keine Angst vor dir habe.«

Barry Bagsley lächelte höhnisch, schüttelte den Kopf und beugte sich nach vorn über den Tisch. Obwohl er immer noch saß, kamen seine Augen auf eine Höhe mit Scobies Augen und sein grobknochiges Gesicht hing bedrohlich wie ein Todesstern vor Scobies Gesicht.

»Und du bist ganz sicher, dass du keine Angst vor mir hast?«

»Ich bin ganz sicher.«

»Und warum *genau* hast du keine Angst?«

James Scobie kniff die Augen zusammen, spitzte seinen Mund zu einer Schnute und beschrieb damit einen vollen Kreis, dann nahm er die Brille von der Nase und blinzelte dreimal mit weit aufgerissenen Augen, bevor er sie wieder aufsetzte. Er wartete, bis sein Gesicht zur Ruhe kam wie das Meer, wenn die Welle vorbei ist. Dann sagte er einfach: »Weil ich vor gar nichts Angst habe.«

Auszug aus dem Unterrichtsmaterial zu »Nennt mich nicht Ismael!« zum Leitthema »Mobbing und die Macht der Sprache«

 Lies die Buchseiten 77 bis 82.

 Sucht euch einen besonders spannenden Abschnitt aus dem Streitgespräch zwischen James und Barry aus und übt das Lesen mit verteilten Rollen. Lest den Abschnitt der Klasse vor. Wenn ihr wollt, könnt ihr daraus auch eine kleine Spielszene entwickeln.

Suche dir einen oder mehrere Partner:innen. Überlegt gemeinsam, welche Regeln grundsätzlich bei einem Gespräch beachtet werden müssen. Notiert diese Regeln auf einem Plakat und hängt es im Klassenraum auf.

 Lest gemeinsam noch einmal das Streitgespräch zwischen James und Barry. Überlegt gemeinsam, welche der Gesprächsregeln von Barry in diesem Gespräch nicht beachtet wurden.

Auszug aus dem Unterrichtsmaterial zu
»Nennt mich nicht Ismael!« zur Methode »Debattieren«

Methodenbox »Debattieren«

Um gemeinsam eine Debatte zu führen, ist folgendes Vorgehen hilfreich:

- Sucht euch gemeinsam ein Thema aus. Rechts findet ihr einige Vorschläge.
- Bildet zwei Gruppen mit jeweils vier bis sechs Sprecher:innen und einigt euch, wer die These und wer die Antithese vertritt.
- Formuliert jeweils in der Kleingruppe vier bis sechs treffende Argumente.
- Sortiert die Argumente und ordnet sie einzelnen Sprecher:innen zu.
- Trefft euch wieder mit der anderen Gruppe. Legt die Reihenfolge der Sprecher:innen fest.
- Führt die Debatte. Versucht dabei, die »Schritte der erfolgreichen Widerlegung von Argumenten« zu beachten. Das bedeutet:
  - Der/die erste Sprecher:in aus beiden Gruppen positioniert sich zunächst zur Streitfrage. (pro oder contra)

- Der/die 2. Pro-Sprecher:in nimmt das genannte Argument des Contra-Sprechers auf und widerspricht dem durch eine weitere Pro-Aussage.
- In dieser Form kommen alle Sprecher:innen mit ihren Beiträgen zu Wort.
- Es macht Sinn, vor einer Debatte ein Zeitlimit festzulegen und die Debatte dann zu beenden.

Das angestrebte Ziel muss nicht eine Übereinstimmung mit der Streitfrage sein. Eine gute Debatte zu führen ist schwer. Man muss es deshalb lange üben. Sicher klappt es auch bei euch nicht gleich beim ersten Mal. Versucht es ruhig noch ein paar Mal – mit dem gleichen oder mit einem anderen Thema.

Themenvorschläge:

- Mobbing-Verhalten ist wie ein Ventil, das sich nicht steuern lässt.
- Computerspiele führen zur Verrohung und Verdummung der Jugend.
- In der Schule sollten Jungen und Mädchen getrennt voneinander unterrichtet werden.
- An allen deutschen Schulen sollten Schuluniformen eingeführt werden.
- Für einen Teil der Ferien sollten Schüler:innen zu gemeinnütziger Arbeit verpflichtet werden.
- Im deutschen Radio sollte es eine verbindliche Quote deutsch- sprachiger Musik geben.

Freundschaft

»Und du kommst auch drin vor« von Alina Bronsky

für die 7. und
8. Klassenstufe

EUR 9,95 [DE]
ISBN: 978-3-423-71844-8
192 Seiten

Zum Inhalt

Seit der ersten Klasse sind Kim und Petrowna beste Freundinnen. Petrowna fällt immer und überall auf, während Kim sich zurückhält. Doch das ändert sich schlagartig, als ihre Klasse zu einer Lesung geht. Fast niemand hört der Autorin zu, außer Kim – denn die Frau liest ihre Geschichte vor! Die Namen und ein paar Details stimmen nicht, aber der ganze Rest. Und ihre Geschichte geht nicht gut aus – zumindest nicht für Jasper, für den ein Wespenstich tödlich endet. Um das zu verhindern, stellt Kim ihr Leben völlig auf den Kopf …

- Bestsellerautorin Alina Bronsky trifft genau den Ton der Schüler:innen
- Auf der Liste »Die besten 7 – Bücher für junge Leser« vom Deutschlandfunk

Zur Autorin

© Christine Fenzl

Alina Bronsky wurde 1978 in Jekaterinburg, Russland, geboren und lebt seit ihrer Kindheit in Deutschland. Ihr Debütroman »Scherbenpark«, der unter anderem für den Deutschen Jugendliteraturpreis nominiert war, wurde auf Anhieb zu einem Bestseller und für das Kino verfilmt. Es folgten weitere hoch erfolgreiche Bücher wie der Roman »Baba Dunjas letzte Liebe«, der lange auf der SPIEGEL-Bestsellerliste stand und für den Deutschen Buchpreis nominiert war. Alina Bronsky lebt mit ihrer Familie in Berlin.

Zum Unterrichtsmaterial

Das Unterrichtsmaterial zu »Und du kommst auch drin vor« wurde herausgegeben von Marlies Koenen und erarbeitet von Margret Datz.

Thematik
- Freundschaft
- Verlustangst
- Einfluss der Literatur

Methodische Schwerpunkte
- Figurenkonstellationen
- Erzähltechniken
- (Gruppen-)Diskussionen

Das komplette Unterrichtsmaterial
finden Sie direkt hier:

www.dtv.de/und-du-kommst

Textauszug aus dem Roman »Und du kommst auch drin vor«

von Alina Bronsky

Kim und Petrowna verbindet seit dem ersten Schultag eine große Freundschaft, die bereits einige Hindernisse überstanden hat. Doch im Laufe des Romans stellt Kim Petrownas Loyalität infrage.

(Buchseiten 5 bis 8)

Der Besuch einer Lesung und ... seine Folgen

Als Frau Meier sagte, dass wir heute zur Lesung gehen, haben alle gestöhnt. Ich habe große und kleine Ts in mein Hausaufgabenheft gemalt. Ob Lesung oder nicht, das war mir schnuppe. Für Donnerstag stand dort in der Tat reingekritzelt – LÄSUNG. Franz hat den Kopf auf den Tisch gelegt und geschnarcht. Nur Petrowna hat ihre Stimme erhoben. »Schnauze, ihr Idioten! Wollt ihr lieber Mathe?« Petrowna schaffte es immer, alle mit einem Satz zu verwirren und dadurch für einen Moment der Stille zu sorgen. Frau Meier sagte, wir sollten unsere Sachen im Klassenraum lassen. Sie würde auch abschließen, wir bräuchten uns keine Sorgen um die Wertsachen machen. Der eigentliche Grund war, dass sie wollte, dass nach der Lesung die komplette Klasse schön brav mit ihr in die Schule zurückkommt, um die Taschen wieder mitzunehmen. Sonst geht unterwegs immer die Hälfte der Leute verloren. Die Absicht war allen klar, und fast alle nahmen ihre Taschen genau deswegen mit. Frau Meier hat so getan, als merke sie das nicht. Sie ist eine kleine Referendarin und hat Angst vor uns.

Ich hoffe, dass sie während unserer Busfahrt unter ihren blonden Strähnchen nicht ergraut ist. Beim Umsteigen hat Petrowna mich um zwei Euro angepumpt und sich am Automaten einen Schokoriegel gezogen. Die Hälfte hat sie dann mir abgegeben. Irgendwann waren wir da, und es war eine Bücherei. »Eine Bücherei!«, haben alle gestöhnt. »Iiih, was sollen wir da? Bücher lesen?« »Schnauze«, brüllte Petrowna. »Was habt ihr gedacht, wo wir hingehen, in eine Leichenhalle?« Das war nicht wirklich logisch, aber schon wieder waren alle verwirrt, und die kleine Frau Meier sah Petrowna dankbar an. Petrowna ist meine beste Freundin seit der Grundschule. Wir sitzen seit dem ersten Schultag nebeneinander. In der allerersten Pause unseres Lebens haben wir uns geprügelt. Wegen Kindern wie Petrowna wollte meine Mutter mich lieber auf eine Privatschule schicken, aber mein Vater hat gemeint, es ist nie zu früh, das normale Leben kennenzulernen. Am zweiten Schultag kam ich mit einem Veilchen nach Hause, um den Finger eine Strähne von Petrownas Haar gewickelt, die ich ihr im Kampf ausgerissen hatte. Meine Mutter rief sofort die Klassenlehrerin, die Schulleiterin und die Schulpsychologin an und prophezeite, dass Kinder wie Petrowna mit dreizehn auf dem Straßenstrich landen. Am dritten Schultag haben wir aufgehört, uns zu prügeln, und sind seitdem unzertrennlich. Am vierten hat Petrowna mir erklärt, was meine Mutter damals mit »Straßenstrich« gemeint hatte.

Jetzt sind wir beide vierzehn. Petrowna war zwei Jahre lang Klassensprecherin und lässt mich oft abschreiben. Leider hat sie seit der ersten Klasse Hausverbot bei uns. In der Bücherei roch es nach halb toten Omas und Staub. Ich habe sofort angefangen zu niesen. Blöderweise hatte ich mein Nasenspray nicht dabei. »Ich hoffe, ich sterbe hier nicht«, sagte ich zu Petrowna, und die sagte: »Wäre kein großer Verlust.« So reden wir miteinander, aber sie meint es nicht so. Frau Meier schüttelte die Hand einer anderen, ebenfalls kleinen und irgendwie mausgrauen Frau mit einer Frisur, die einen violetten Stich hatte. Das war die Bibliothekarin. An der Wand hing ein Plakat, auf dem irgendwas mit Buchwoche stand. Wir gingen wie eine Schafherde in einen Nebenraum mit Stuhlreihen. Alle verteilten sich auf die Plastikstühle und legten die Füße auf die Stuhlrücken, die vor ihnen standen. Einige warfen mit Sitzkissen und Bilderbüchern. Keiner kriegte mit, dass die Lesung schon losgegangen war und die Bibliothekarin vorn stand und irgendwas redete. Frau Meier guckte Petrowna flehend an. »Schnauze, alle!«, brüllte Petrowna. Dann sahen wir, dass da noch jemand war. Die Autorin. Sie war eine ziemlich lange und schmale Person. Sie saß hinter einem Tischchen, das für ihre langen Beine viel zu mickrig war, und sah unglücklich aus. Ihr speckiges Haar war schwarz gefärbt und hing ihr in die Augen. Vom Gesicht sah man deswegen nicht viel. Neben ihr lag ein Stapel Bücher.

Frau Meier und die Bibliothekarin begannen in die Hände zu klatschen wie bei einem Stuhlkreis im Kindergarten. Wenig später klatschten wir alle. Wir klatschten eine Minute durch, dann zwei, dann fünf. Man konnte mit ganz einfachen Dingen ziemlich viel erreichen. Die Bibliothekarin bekam rote Flecken im Gesicht. Frau Meier fuchtelte mit den Händen wie eine Dirigentin. Wir klatschten ungerührt weiter. Petrowna war abgelenkt, weil sie gerade eine Nachricht auf ihrem Samsung las. Ich hörte auf, als mir die Handflächen wehtaten. Bei den anderen muss es ähnlich gewesen sein, auch die hörten irgendwann auf und begannen ihre Finger zu massieren. Die Autorin sagte, sie heiße Leah Eriksson, habe fünf Bücher geschrieben und würde jetzt anfangen zu lesen. Danach dürften wir ihr Fragen stellen. Sie begann dann in der Tat zu lesen. Ihre Stimme war sehr leise und einige von uns riefen »Hören nix!«. Andere tuschelten, und zwei Mädchen kämmten sich die Haare. Petrowna sah mit gerunzelter Stirn auf den Baum vorm Fenster.

Nur ich, ich hörte zu.

Und ich konnte es nicht fassen.

Was diese Leah Eriksson da nuschelte, handelte von mir.

Von meiner Familie.

Von meinem Leben.

Von meinen Gedanken.

Es kamen andere Namen drin vor, und ein paar unwichtige Details stimmten nicht. Aber der Rest war ich.

Auszug aus dem Unterrichtsmaterial zu
»Und du kommst auch drin vor« zum Leitthema »Freundschaft«

 Lies die Buchseiten 5 bis 8. Was bedeutet für dich selbst Freundschaft? Was gehört dazu? Was erwartest du? Notiere deine Gedanken stichwortartig:

_____

 Teilt die Klasse durch Losentscheid in Vierergruppen ein. Setzt euch in den Gruppen zusammen und vergleicht die Ergebnisse eurer Einzelarbeit. Diskutiert und entscheidet euch schließlich für vier Punkte, die für euch alle am wichtigsten sind. Notiert sie in der Reihenfolge der Wichtigkeit und begründet kurz eure Entscheidung.

1. _____, weil_____
2. ...
3. ...
4. ...

 Wählt eine/n Gruppensprecher:in, der/die euer Ergebnis dem Plenum vorstellt.
Ergebnis der Plenumsrunde:

_____

 Welches Merkmal von Freundschaft ist für die meisten am wichtigsten? Notiere es hier:

_____

Auszug aus dem Unterrichtsmaterial zu
»Und du kommst auch drin vor« zur Methode »Blitzlicht«

Methodenbox »Blitzlicht«

Ein »Blitzlicht« wird häufig während oder am Ende einer Lern-
einheit eingesetzt (Reflexions-Blitzlicht). Es hat das Ziel, eine kurze
Rückmeldung aus der Schüler:innengruppe zu einem aktuellen
Arbeitsverlauf oder über die Befindlichkeit der Gesprächsteilneh-
mer:innen zu erhalten. Eingeleitet wird ein Blitzlicht über eine Frage,
auf die reihum in einem kurzen Antwort-Statement reagiert wird.
In der vorliegenden Arbeitssequenz handelt es sich um die Frage:
Was macht ein gutes Buch aus?
Geantwortet wird meist in der Ich-Form oder über vorgegebene
Formulierungshinweise. Die Antworten werden nicht kommentiert.
Am Ende des Blitzlichts kann die Gruppe zu den Meinungen, die
geäußert wurden, Stellung beziehen.

Was macht ein gutes Buch aus? Ein Buch kann viele Eigenschaften
oder Wirkungen haben.

 Schau dir die Tabelle auf Seite 64 genau an. Notiere hier deine
eigenen Bemerkungen über ein Buch.

_____

 Suche dir fünf Aspekte aus, die ein Buch für dich unbedingt
haben muss, und stelle eine Rangfolge für dich her.

_____

packend	neue Probleme behandeln
spannend	eigene Probleme behandeln
authentisch	aus dem Leben gegriffen
fremde Probleme nahebringen	eindringlich
belehrend	aufregend
humorvoll	aufwühlend
lustig	langweilig
lehrreich	interessant
uninteressant	Probleme lösen
sprachlich gut	Aufmerksamkeit erregen

 Macht eine Blitzlichtrunde. Nenne deine beiden wichtigsten Eigenschaften und Wirkungen und begründe kurz. Beginne deinen Satz so: »Für mich muss ein Buch ... sein und ..., weil ...«

 Was stellst du fest? Gibt es eine Tendenz innerhalb der Klasse, oder haben alle unterschiedliche Aspekte ausgewählt? Warum, glaubst du, kam es zu diesem Ergebnis?

 Überlege, ob es auch objektive Gründe gibt, die für die Qualität eines Buches sprechen. Welche könnten das sein?

Krankheit, Schmerz und Mut

»Das Schicksal ist ein mieser Verräter« von John Green

für die 8. und
9. Klassenstufe

EUR 9,95 [DE]
ISBN: 978-3-423-62583-8
336 Seiten
Aus dem Englischen von
Sophie Zeitz

Zum Inhalt

»Krebsbücher sind doof«, sagt die 16-jährige Hazel, die selbst Krebs hat. Sie will auf gar keinen Fall bemitleidet werden und kann mit Selbsthilfegruppen nichts anfangen. Bis sie in einer Gruppe auf den intelligenten, gut aussehenden und umwerfend schlagfertigen Gus trifft. Der geht offensiv mit seiner Krankheit um. Hazel und Gus diskutieren über Bücher, hören Musik, sehen Filme und verlieben sich ineinander – trotz ihrer Handicaps und Unerfahrenheit. Gus macht Hazels großen Traum wahr: Gemeinsam fliegen sie nach Amsterdam, um dort Peter Van Houten zu treffen, den Autor von Hazels absolutem Lieblingsbuch. Ein tiefgründiges, emotionales und zugleich freches Jugendbuch über Krankheit, Liebe und Tod.

- Ausgezeichnet mit dem Deutschen Jugendliteraturpreis (Preis der Jugendjury)
- »John Green erzählt eine Geschichte vom Lieben und Sterben: Brutal, komisch, traurig.« Hartmut el Kurdi, DIE ZEIT
- Verfilmt mit Shailene Woodley als Hazel Grace und Ansel Elgort als Augustus (Gus)

Zum Autor

© Marina Waters

John Green, 1977 geboren, erlangte bereits mit seinem Debüt »Eine wie Alaska« Kultstatus unter jugendlichen Leser:innen. Greens Jugendroman »Das Schicksal ist ein mieser Verräter« ist ein weltweiter Bestseller, der in 56 Sprachen übersetzt und verfilmt wurde. Auch in Deutschland stand der Titel über ein Jahr auf der SPIEGEL-Bestsellerliste, wurde u. a. mit dem Buxtehuder Bullen und dem Deutschen Jugendliteraturpreis ausgezeichnet. 2017 erschien Greens Jugendroman »Schlaft gut, ihr fiesen Gedanken« und zuletzt die Essaysammlung »Wie hat euch das Anthropozän bis jetzt gefallen?«. Er lebt mit seiner Frau und seinen zwei Kindern in Indianapolis.

Zum Unterrichtsmaterial

Das Unterrichtsmaterial zu »Das Schicksal ist ein mieser Verräter« wurde herausgegeben von Marlies Koenen und erarbeitet von Marlies Koenen und Annette Kliewer.

Unterrichtspraxis
Reihe Hanser in der Schule

John Green
Das Schicksal ist ein mieser Verräter
Reihe Hanser 62583 und 8641

Ab 17. Oktober 2014 auch auf Blu-ray und DVD.

Thematik:

Zwei Jugendliche lernen sich in der Selbsthilfegruppe für Krebskranke kennen und verlieben sich ineinander. Schülerteil mit zusätzlichen Arbeitsblättern zum Film.

Herausgegeben von:
Marlies Koenen

Klasse: 8-9
Erarbeitet von:
Annette Kliewer
Marlies Koenen

Thematik

- Krankheit, Schmerz und Mut
- Familiengeflecht
- Liebe und Hoffnung
- Erinnern und Vergessen

Methodische Schwerpunkte

- Gesprächssituationen unter bestimmten Fragestellungen analysieren
- Diskussionsergebnisse in einem Meinungsbild zusammenfassen
- Eine Rollenbiografie schreiben
- Ein Standbild bauen und reflektieren
- Sich mit Zitatstellen anhand der Placemat-Methode auseinandersetzen

Das komplette Unterrichtsmaterial finden Sie direkt hier:

www.dtv.de/das-schicksal-ist

**Textauszug aus dem Roman »Das Schicksal ist ein mieser Verräter«
von John Green**

*Hazel Grace und Gus sind beide an Krebs erkrankt, aber sie wollen sich
von ihrer Krankheit nicht in die Knie zwingen lassen. Unsterblich verlieben sie sich ineinander und kämpfen für das Leben.*

(Buchseiten 230 bis 232)
Hazel und Gus in Amsterdam
Wir gingen in unser Zimmer, das Kierkegaard. Ich setzte mich aufs
Bett und erwartete, dass er zu mir kam, aber er nahm den staubigen
Paisleysessel. Dieser Sessel. Wie alt war er? Fünfzig Jahre? Der Kloß
in meinem Hals wurde größer, während ich zusah, wie Augustus eine
Zigarette aus dem Päckchen nahm und sich in den Mund steckte. Er
lehnte sich zurück und seufzte.

»Kurz bevor du ins Krankenhaus musstest, fing meine Hüfte an
wehzutun.«

»Nein«, sagte ich.

Er nickte. »Also ging ich zum PET-Scan.«

Er schwieg. Dann zog er sich die Zigarette aus dem Mund und biss
die Zähne zusammen. Einen großen Teil meines Lebens habe ich damit verbracht zu versuchen, vor den Menschen, die mich liebten,
nicht zu weinen. Daher wusste ich genau, was Augustus da tat. Du
beißt die Zähne zusammen. Du siehst zur Decke. Du sagst dir, es tut
ihnen weh, wenn sie dich weinen sehen, und dann bist du nur noch
ein Kummer in ihrem Leben, und weil du kein Kummer sein willst,
darfst du nicht weinen, und das alles redest du dir ein, während du
zur Decke siehst, und dann schluckst du, obwohl sich deine Kehle
nicht schließen will, und siehst den Menschen, der dich liebt, an und
lächelst. Er ließ sein schiefes Lächeln aufblitzen, und dann sagte er:
»Ich leuchte wie ein Weihnachtsbaum, Hazel Grace. Die Brust-
höhle, die linke Hüfte, die Leber, überall.« Überall. Das Wort stand

eine Zeit lang im Raum. Wir wussten beide, was das hieß. Ich stand auf, schleppte meinen Körper und Wagen über den Teppich, der älter war, als Augustus je werden würde, und kniete mich vor den Sessel. Ich legte den Kopf in seinen Schoß und schlang die Arme um seine Taille. Er streichelte mein Haar.

»Es tut mir so leid«, sagte ich. »Es tut mir leid, dass ich es dir nicht gesagt habe«, sagte er mit ruhiger Stimme. »Deine Mutter weiß es wahrscheinlich. Die Art, wie sie mich ansieht. Meine Mutter muss ihr was gesagt haben. Ich hätte es dir sagen müssen. Es war dumm von mir. Egoistisch.«

Ich wusste natürlich, warum er nichts gesagt hatte: aus dem gleichen Grund, aus dem ich nicht gewollt hatte, dass er mich auf der Intensivstation sah. Ich konnte keine Sekunde böse auf ihn sein, und erst jetzt, da ich eine Zeitbombe liebte, verstand ich, wie töricht es war, andere vor meinem bevorstehenden Verfall schützen zu wollen: Ich konnte meine Liebe zu Augustus Waters nicht rückgängig machen. Und, was viel wichtiger war, ich wollte es auch nicht.

»Das ist nicht fair«, sagte ich. »Es ist so unglaublich unfair.«

»Die Welt«, sagte er, »ist keine Wunscherfüllmaschine«, und dann brach er zusammen, nur einen Moment, sein schreckliches Schluchzen, ohnmächtig wie ein Donner ohne Blitz, mit der entsetzlichen Heftigkeit, die Laien auf dem Feld des Leidens möglicherweise mit Schwäche verwechseln. Dann zog er mich an sich, das Gesicht Zentimeter von meinem entfernt, und flüsterte entschlossen: »Ich kämpfe. Ich kämpfe für dich. Du musst dir keine Sorgen machen, Hazel Grace. Mir geht's gut. Ich finde einen Weg, dass ich noch lange hier rumhängen und dir auf die Nerven gehen kann.«

Ich weinte. Doch er blieb stark, drückte mich fest an sich, sodass ich die sehnigen Muskeln seiner Arme sehen konnte, als er sagte: »Es tut mir leid. Du kommst drüber weg. Alles wird gut, okay? Ich verspreche es dir«, und er lächelte sein schiefes Lächeln.

(…)

»Tut es weh?«, fragte ich.

»Nein. Es ist nur …« Er starrte lange an die Decke, bevor er weiterredete: »Mir gefällt diese Welt. Mir gefällt, wie die Schatten der Blätter umeinandertanzen, wenn der Wind weht. Mir gefällt, wie es klingt, wenn Holländer holländisch mit mir reden, bevor sie merken, dass ich ein Tourist bin. Und du gefällst mir. Und jetzt … ich bekomme nicht mal einen richtigen Kampf. Ich darf nicht mal kämpfen.«

»Du kannst gegen den Krebs kämpfen«, sagte ich.

»Das ist dein Kampf. Und du wirst weiterkämpfen«, sagte ich. Ich hasste es, wenn Leute versuchten, mich aufzubauen, mir Kampfgeist einzuflößen, und trotzdem tat ich das Gleiche mit ihm. »Du … du … du musst dein bestes Leben heute leben. Das ist jetzt dein Krieg.« Ich hasste mich für die abgedroschenen Sprüche, aber was blieb mir anderes übrig?

»Toller Krieg«, sagte er sarkastisch. »Gegen wen führe ich Krieg? Gegen den Krebs. Und woraus besteht der Krebs? Aus mir. Die Tumoren gehören zu mir. Sie gehören genauso zu mir wie mein Gehirn und mein Herz. Es ist ein Bürgerkrieg, Hazel Grace, ein abgekarteter Bürgerkrieg, bei dem der Sieger feststeht.«

»Gus«, sagte ich. Sonst konnte ich nichts sagen. Er war zu schlau für jede Art von Trost, die ich geben konnte.

(Buchseiten 259 bis 263)

Notruf in der Nacht

Ich wachte auf, weil mein Handy ein Lied von The Hectic Glow sang. (…)

»Hazel Grace«, sagte Augustus schwach.

»O Gott sei Dank, du bist es. Hallo. Hallo, ich liebe dich.«

»Hazel Grace, ich bin an der Tankstelle. Es stimmt was nicht. Du musst mir helfen.«

»Was? Wo bist du?«

»An der Schnellstraße zwischen der 68. Straße und der Ditch Road. Ich habe irgendwas mit der PEG-Sonde falsch gemacht, und ich kapier nicht, was, und …«

»Ich rufe den Notarzt«, sagte ich.

»Nein, nein, nein, nein, nein, dann bringen sie mich ins Krankenhaus. Hazel, hör mir zu. Ruf weder den Notarzt noch meine Eltern ich verzeih dir das nie tu es nicht bitte komm einfach und reparier meine verdammte PEG-Sonde. Ich bin nur, Mann, das ist so bescheuert. Ich will nicht, dass meine Eltern mitkriegen, dass ich weg bin. Bitte. Ich habe die Medikamente dabei; ich kriege sie nur nicht rein. Bitte.« Er weinte. Ich hatte ihn noch nie so weinen hören, außer damals draußen vor seiner Tür, vor Amsterdam.

»Okay«, sagte ich. »Ich fahre sofort los.« (…)

Er sah zu mir hoch. Es war schrecklich. Ich konnte ihn kaum ansehen. Der Augustus Waters mit dem schiefen Lächeln und den ungerauchten Zigaretten war fort, und stattdessen saß da eine verzweifelte, gedemütigte Kreatur. Nur weil er allen zeigen wollte, dass er Augustus Waters mit dem schiefen Lächeln und den ungerauchten Zigaretten war und nicht die verzweifelte, gedemütigte Kreatur, die da vor mir saß.

»Das war's. Ich kann nicht mal mehr nicht rauchen.«

»Gus, ich liebe dich.«

»Wo ist meine Chance, der Peter Van Houten von irgendwem zu sein?« Schwach schlug er auf das Lenkrad ein, und das Auto hupte, während er weinte. Er legte den Kopf zurück und sah zu mir auf. »Ich hasse mich, ich hasse mich, ich hasse das, ich hasse das, ich ekel mich vor mir, ich hasse es, ich hasse es so, lass mich einfach endlich sterben, verdammte Scheiße.«

Gemäß der Konvention des Genres behielt Augustus Waters bis zuletzt seinen Sinn für Humor, ließ keinen Moment in seiner Tapferkeit nach, und sein Geist erhob sich über die Trübsal wie ein unbezwingbarer Adler, bis die Welt selbst seine freudige Seele nicht mehr halten konnte. Doch das hier war die Wahrheit, ein bemitleidenswerter Junge, der sich verzweifelt dagegen wehrte, bemitleidenswert zu sein, der heulte und schrie, mit einer vergifteten, entzündeten PEG-Sonde im Bauch, die ihn am Leben hielt, aber nicht lebendig. Ich wischte ihm das Kinn ab und nahm sein Gesicht in beide Hände und kniete mich ganz nah vor ihn, sodass ich seine Augen sah, die noch lebten. »Es tut mir leid. Du bist in einem ruhmlosen Krieg gegen dich selbst gelandet. Ich wünschte, es wäre anders. Ich wünschte, es wäre so wie in dem Film mit den Persern und den Spartanern.«

»Ich auch«, sagte er.

»Aber so ist es nicht«, sagte ich.

»Ich weiß«, sagte er.

»Es gibt keine Bösen.«

»Ja.«

»Nicht mal der Krebs ist ein richtiger Schurke: Der Krebs will auch nur überleben.«

»Ja.«

»Es ist alles okay«, sagte ich. Ich hörte die Sirenen.

Auszug aus dem Unterrichtsmaterial zu
»Das Schicksal ist ein mieser Verräter« zum Leitthema
»Krankheit, Schmerz und Mut«

Hazel und Gus haben beide aufgrund ihrer Krebserkrankung mit körperlichen Schmerzen zu kämpfen. Hazel sagt an einer Stelle:»Die Wahrheit war, ich hatte immer Schmerzen. Es tat weh, nicht wie ein normaler Mensch zu atmen und meine Lunge ständig daran erinnern zu müssen, was sie zu tun hatte. Es tat weh, mich ständig zwingen zu müssen, die reißende, schürfende, umstülpende Qual der Sauerstoffunterversorgung als unabdingbar zu akzeptieren.«
(Buchseiten 53/54)

Neben dem körperlich empfundenen Schmerz gibt es im Roman auch seelischen Schmerz, der »verlangt, gespürt zu werden«.
(Gus, Buchseite 66)

Wie geht Gus im Roman mit seelischem Schmerz um? Lies dazu die Textstellen (Buchseiten 230 bis 232 und 259 bis 263). Ordne Gus daraus eine seinem Schmerz betreffende Aussage zu.

Auszug aus dem Unterrichtsmaterial zu
»Das Schicksal ist ein mieser Verräter« zur Methode
»Gefühlsgedicht«

Methodenbox »Gefühlsgedicht«

Wähle zunächst ein Gefühl aus, das zu der genannten Szene passt (z. B. Schmerz). Nutze dieses Gefühl auch als Überschrift für dein Gedicht. Der anschließende Text sollte aus sechs Zeilen bestehen, wobei jede Zeile mit dem gewählten Gefühlswort beginnt.

Nutze für deine Gefühlsbeschreibungen unterschiedliche sinnliche Erfahrungen (sehen, riechen, hören, schmecken, fühlen).

Schreibe ein Gefühlsgedicht zum Thema »Schmerz«.

Schmerz

Schmerz fühlt sich an wie …

Schmerz ist … (Farbe)

Schmerz erzeugt … (Ton, Klang)

Gewalt und Überwindung von Traumata

»Ghost« von Jason Reynolds

für die 8. und
9. Klassenstufe

EUR 8,95 [DE]
ISBN: 978-3-423-62744-3
224 Seiten
Aus dem Englischen von
Anja Hansen-Schmidt

Zum Inhalt

Rennen, das kann Ghost, schneller als jeder andere: davonrennen. Denn es gab eine Nacht in seinem Leben, in der es genau darauf ankam, in der er um sein Leben rannte. In der Schule läuft es so lala für Ghost. Wer ihm dumm kommt, kriegt eine gescheuert. Doch dann wird Ghost mehr durch Zufall Mitglied in einer Laufmannschaft, und sein Leben stellt sich auf den Kopf. Trainer Brody nimmt ihn unter seine Fittiche, und das ganze Team steht an seiner Seite. Es geht nicht mehr ums Davonrennen, sondern darum, das Ziel immer vor Augen zu haben. Der Startschuss in ein neues Leben ist gefallen.

- Eine Geschichte, die Jugendlichen Idole und Vorbilder schenkt
- Ausgezeichnet mit dem Luchs des Jahres von DIE ZEIT und Radio Bremen

Zum Autor

© Martin Hangen

Jason Reynolds studierte Literaturwissenschaften an der University of Maryland. Seine Bücher sind in den USA nicht nur Bestseller, sondern auch vielfach ausgezeichnet. Sein Buch »Long Way Down« wurde nominiert für den Deutschen Jugendliteraturpreis. Für den Kinderroman »Ghost« erhielt er den Luchs des Jahres. Jason Reynolds ist in den USA ein Literaturstar. Er lebt in Washington, D. C.

Zum Unterrichtsmaterial

Das Unterrichtsmaterial zu »Ghost« wurde herausgegeben von Marlies Koenen und erarbeitet von Kai Stäpeler.

Thematik

• Gewalt und Überwindung von Traumata
• Umgang mit schulischen und familiären Problemen
• Mobbing
• Persönlichkeitsstärkung
• Gesellschaftliches Gefälle

Methodische Schwerpunkte

• Inhalte anhand von Leitkriterien strukturieren
• Handlungsalternativen zu Konfliktsituationen entwickeln
• Ein Rollenspiel vorbereiten, präsentieren und reflektieren

Das komplette Unterrichtsmaterial finden Sie direkt hier:

www.dtv.de/ghost

Textauszug aus dem Roman »Ghost« von Jason Reynolds

Vor drei Jahren schoss Castles Vater in der Nacht auf seine Frau und seinen Sohn. Castle nennt sich seitdem Ghost und kämpft mit der traumatischen Erinnerung. Doch durch den Laufsport und seinen Trainer Brody, der für ihn zum Vorbild wird, kann Ghost die Schrecken verarbeiten.

(Buchseiten 10 bis 13)

Die schlimmste Nacht meines Lebens

Mein Dad hat früher auch immer Sonnenblumenkerne gegessen. Von ihm hab ich das. Aber er hat die ganzen Dinger einfach zerkaut, Schalen, Samen, alles. Hat sie runtergeschlungen wie ein Tier. Als ich noch klein war, habe ich ihn immer gefragt, ob vielleicht irgendwann eine Sonnenblume in seinem Bauch wachsen würde, weil er so viele Kerne gegessen hat. Er hat dabei immer irgendein Spiel im Fernsehen angeschaut, Football oder Basketball, und sich nur ganz kurz zu mir umgedreht, eine Sekunde oder so, gerade lang genug, um keinen Spielzug zu verpassen, und gesagt: »In meinem Bauch wächst ein ganzer Wald aus Sonnenblumen, Kleiner.« Dann hat er die Kerne in seiner Hand wie Würfel geschüttelt und sich eine weitere Ladung in den Mund gekippt und zerkaut. Aber mein Dad hat gelogen, das steht fest. In ihm sind keine Sonnenblumen gewachsen. Das wär gar nicht möglich gewesen. Ich weiß nicht viel über Sonnenblumen, aber ich weiß, dass sie hübsch sind und dass Frauen sie mögen, und ich weiß, dass das Wort »Sonnenblume« aus zwei schönen Wörtern zusammengesetzt ist. Und dieser Mann hatte bestimmt keine zwei schönen Wörter in sich drin oder sonst irgendwas, das einer Frau gefallen könnte, weil: Frauen mögen keine Männer, die versuchen, sie und ihren Sohn zu erschießen. Und genau so ein Mann war mein Vater. Es war vor drei Jahren, da ist mein Dad ausgerastet. Nachdem der Schnaps ihn noch bösartiger gemacht hat, als er sowieso schon war. Jeden zweiten

Abend ist er zu einem anderen Menschen geworden, als hätte er sich in einen Verrückten verwandelt, aber an dem Abend hatte meine Mutter endlich beschlossen, sich zu wehren. Und an dem Abend ist alles noch viel schlimmer geworden. Ich hatte den Kopf zwischen Matratze und Kissen gesteckt – das hatte ich mir angewöhnt, wenn sie gestritten haben –, und da ist meine Mutter in mein Zimmer reingeplatzt. »Wir müssen abhauen«, hat sie gesagt und die Decke von meinem Bett gerissen. Und als ich mich nicht schnell genug bewegt habe, hat sie geschrien: »Mach schon!« Dann weiß ich nur noch, dass sie mich durch den Flur gezerrt hat und ich über meine Füße gestolpert bin. Und da hab ich mich umgedreht und hab ihn gesehen, meinen Dad, wie er aus dem Schlafzimmer gestolpert kam, mit blutigen Lippen und einer Pistole in der Hand. »Zwing mich nicht, das zu tun, Terri!«, hat er halb wütend, halb flehend gerufen, aber Mom und ich sind weitergerannt. Dann das Geräusch von einer Pistole, die entsichert wird. Das Geräusch einer Tür, die entriegelt wird. Und in dem Moment, wo sie die Tür aufstieß, hat mein Dad abgedrückt. Er hat auf uns geschossen! Mein Vater … auf UNS! Seine Frau und seinen Sohn! Ich hab mich nicht umgedreht, um zu sehen, was er getroffen hat, ich hatte solche Angst, er könnte mich erwischt haben. Oder Ma. Der Knall war schrill und laut, so laut, dass ich das Gefühl hatte, mein Kopf würde explodieren, so laut, dass mein Herz aussetzte. Aber das Verrückte war, dass der laute Schuss meine Beine noch viel schneller machte. Ich weiß nicht, ob das möglich ist, aber so kam es mir jedenfalls vor. Mom und ich sind weitergerannt, die Treppe runter auf die Straße, und durch die Dunkelheit gerast, vom Tod verfolgt. Wir sind gerannt und gerannt und gerannt, bis wir endlich zu Mr. Charles' Laden gekommen sind, der zu unserem Glück den ganzen Abend geöffnet hat. Mr. Charles warf nur einen Blick auf uns, wie wir atemlos, weinend und barfuß in unseren Schlafanzügen vor ihm standen, dann hat er uns in seinem Vorratsraum versteckt und die Polizei gerufen. Wir sind die ganze Nacht da drin geblieben. Seitdem hab ich meinen Dad nicht mehr gesehen. Ma hat gesagt, die Polizisten hätten berichtet, er hätte auf der Vortreppe gesessen, als sie zu unserem Haus kamen, mit nacktem Oberkörper, die Pistole neben sich, und hätte Bier getrunken und Sonnenblumenkerne gegessen und gewartet. Als würde er erwischt werden wollen. Als wäre das Ganze keine große Sache. Sie haben ihn zu zehn Jahren Gefängnis verurteilt, und um ehrlich zu sein, weiß ich nicht, ob ich darüber froh bin oder nicht. Manchmal wünsche ich mir, er würde für immer im Gefängnis vermodern. Aber dann wünsche ich mir wieder, er würde zu Hause auf dem Sofa sitzen und ein Basketballspiel anschauen und die Kerne in seiner Hand schütteln. Aber eins ist jedenfalls sicher: In der Nacht hab ich gelernt, wie man rennt. Und als ich keine Lust mehr hatte, an der Bushaltestelle vor dem Fitnesscenter zu sitzen, und dafür die ganzen Kids auf dem Sportplatz im Park sah, wie sie trainiert haben, da musste ich schauen, was da los war, weil Rennen nun mal nichts ist, was ich je hatte trainieren müssen. Es ist einfach etwas, das ich kann.

(Buchseite 26)

Alle nennen mich Ghost

»Hör mal, ich kenne dich nicht … wie heißt du?« »Castle Cranshaw«, sagte ich und verbesserte mich dann gleich: »Aber alle nennen mich Ghost.« Mit allen meinte ich eigentlich: niemand außer mir. Das war mein selbst erfundener Spitzname für mich. Na ja, so halb selbst erfunden. In der Nacht, in der Ma und ich in Mr. Charles' Laden gestürmt kamen, hat er uns angeschaut, als wären wir zwei Gespenster. Als würde er uns nicht erkennen, wahrscheinlich, weil wir so fürchterlich verängstigt ausgesehen haben. Und seitdem hab ich angefangen, mich Ghost zu nennen. Das war auch nicht das einzige Mal, dass mich jemand so angesehen hat. Tatsächlich hat mich dieser Typ, dieser Trainer, in diesem Moment genauso angeschaut wie Mr. Charles damals, völlig verdattert, und ich hatte keine Ahnung, ob das an meinem Spitznamen lag oder weil mein richtiger Name Castle war.

80

(Buchseiten 106 bis 108)

Zurück in der schlimmsten Nacht meines Lebens

Ich kann nicht sagen, ob ich noch eine Erinnerung daran habe, wie der Lagerraum damals ausgesehen hat, als meine Mom und ich uns darin versteckt haben. Aber ich weiß noch, dass wir dort in der Ecke gesessen haben, da, wo jetzt ein Kleiderständer steht. Ich weiß noch, wie Ma und ich uns dort zusammenkauerten und an die Wand drückten und sie mir die Hände um den Kopf legte und mir die Ohren zuhielt. Wenn ich jetzt daran zurückdenke, glaube ich, dass sie nicht wollte, dass ich hörte, wie sie weinte oder vor Angst schwer atmete, obwohl ich genau spüren konnte, wie ihre Brust sich im exakt gleichen Rhythmus wie mein Herz hob und senkte. Aber ich kann mich nicht daran erinnern, dass da Kisten standen. Ich kann mich nicht an den Tisch und den Aktenschrank erinnern, an die Uhr neben der Tür oder den Fünf-Dollar-Schein, der eingerahmt an der Wand hängt. Das konnte alles schon da gewesen sein, aber ich erinnerte mich nicht, es gesehen zu haben. Und als ich mir die Sachen nun anschaute und mich in dem Raum umsah, hab ich nicht wirklich was empfunden. Also, keine schlechten Gefühle oder so. Bis … ich … versuchte, … die Tür … zu öffnen. Sie rührte sich nicht. Ich hab es noch mal versucht. Der Knauf hat sich gedreht, aber die Tür wollte nicht aufgehen. Ich hab leise geklopft und versucht, keine Panik zu bekommen. Aber Mr. Charles konnte mich natürlich nicht hören. Er war vermutlich ganz in seinen Cowboyfilm vertieft. Außerdem stand er am anderen Ende des Ladens. Und dazu war er auch noch so gut wie taub. Deshalb hämmerte ich schließlich an die Tür. Immer noch nichts. Dann bekam ich Panik. Wie wenn man am heißesten Tag des Sommers ins Schwimmbad geht und ins Wasser springt, und es ist toll, und dann geht man einen Schritt zu weit und ist plötzlich im tiefen Bereich, und da ist es dann gar nicht mehr toll. Weil man nicht schwimmen kann. Genauso hab ich mich gefühlt. Als würde ich auf einmal ertrinken. Als würde ich mit Wasser volllaufen. Als würde dieser Raum, diese merkwürdige kleine Kammer, die mir mal das Leben gerettet hatte, es mir jetzt wieder wegnehmen wollen. Ich hab auf die Ecke geschaut, und meine Gedanken rasten wie ein Bumerang zu dem Abend zurück, als Mom und ich dort kauerten und weinten und uns fragten, ob mein Dad uns wohl hier aufspüren würde. Mein Herz hat angefangen zu hämmern, so wie damals. Die Uhr an der Wand schien auf einmal viel lauter zu ticken. Ich drehte mich um und schlug noch mal gegen die Tür. Hab versucht, ein Loch hineinzuschlagen. Ich hab meine Hand zur Faust geballt und gegen die Tür gehämmert und Mr. Charles' Namen gebrüllt, bis ich ihn nach einer gefühlten Ewigkeit endlich auf der anderen Seite gehört hab. »Castle! Ich bin ja da«, drang seine Stimme gedämpft zu mir. Mr. Charles rüttelte ein paarmal an der Klinke, wobei er jedes Mal ganz komisch schnaufte, bis die Tür endlich aufging. Er hat das Gleichgewicht verloren und ist rückwärts gegen den Chips-Ständer gestolpert. Ich schoss aus der Kammer. »Die blöde Tür klemmt manchmal ein bisschen«, wollte er erklären, aber ich konnte nicht warten, um mir das anzuhören. Noch einen Moment länger, und ich würde im Gang zwischen den Chips und den Getränken zu einer Pfütze zerschmelzen, deshalb hab ich meinen Rucksack gepackt und bin sofort raus aus der Tür.

Auszug aus dem Unterrichtsmaterial zu »Ghost«
zum Leitthema »Gewalt und Überwindung von Traumata«

 Lies die Buchseiten 10 bis 13. Unterstreiche alle Bausteine
im Kasten blau, die zu Ghosts Vater passen.

rührt niemals Alkohol an / er wünscht sich seinen Vater für immer
fort / er hat weitere Kinder / wäscht jede Woche sein Auto / stammt
aus Glass Manor / ist drogenabhängig / hat mit ihm Ausflüge
gemacht / ist betrunken bösartig / schaut gerne Baseball / ist gewalttätig gegenüber Ghosts Mutter / schenkte ihm ein Haustier / hat
seinen Job verloren / ging mit seinem Sohn joggen / schenkte ihm
eine Medaille / schießt um sich / stiehlt seinem Sohn das Wichtigste
im Leben / ist immer für ihn da / sitzt nur im Café / zieht mit Freunden
um den Block / ist gewalttätig gegenüber seinem Sohn / isst gerne
Chips / starb an einer Überdosis / trinkt jeden zweiten Abend
Schnaps / liest gerne / wohnt im Ausland / brach die Schule ab /
isst Sonnenblumenkerne / er wünscht sich seinen Vater zurück /
hat keinen Führerschein / sitzt im Gefängnis

Die Nacht der Flucht
Vor drei Jahren veränderte eine schreckliche Nacht das Leben
von Ghost und seiner Mutter.

 Lies die Buchseiten 11 bis 13 und 106 bis 108.

 Macht ein Foto, das die Situation im Lagerraum nachstellt,
die Ghost beschreibt. »Ich weiß noch, dass wir dort in der
Ecke gesessen haben. Ich weiß noch, wie Ma und ich uns
dort zusammenkauerten und an die Wand drückten und sie
mir die Hände um den Kopf legte und mir die Ohren zuhielt.«
(Buchseite 106)

In dieser Nacht wird Castle Cranshaw zu Ghost. Erkläre, warum er sich nun anders nennt. Lies dazu die Buchseite 26.

Auszug aus dem Unterrichtsmaterial zu »Ghost« zur Methode »Rollenspiel«

Methodenbox »Rollenspiel«

Das Rollenspiel ist eine Darstellungsform, bei der die Spielenden reale Situationen, Probleme und Konflikte nachstellen können. Vorbilder für die Rollenübernahme können dabei Menschen, fiktive Figuren, Tiere oder auch Gegenstände sein.

Durch die szenische Gestaltung realer Ereignisse können diese dem/der Spieler:in oder dem/der Betrachter:in eine neue Sicht auf Erlebtes ermöglichen und damit eine sachbezogene Auseinandersetzung mit einer Problemsituation einleiten.

Im vorliegenden Textbeispiel ermöglicht das Rollenspiel eine Annäherung an eine emotional belastete Erfahrungssituation aus dem Roman und damit die Möglichkeit einer vertiefenden Identifikation mit der Romanfigur »Ghost« und ein wahrnehmendes Verstehen seiner darin begründeten Handlungsweisen.

Real bestehende traumatische Erfahrungen bedürfen einer psychologischen Betreuung und sollten keinesfalls über Rollenspielsituationen reaktiviert werden.

Spielt die schreckliche Nacht nach. Plant euer Rollenspiel. Ihr braucht …

4 Schauspieler:innen		
2 Handlungsorte		
Requisiten		

 Präsentiert euer Rollenspiel. Euer Publikum meldet euch zurück,

- ob ihr die Handlung der Nacht richtig und vollständig dargestellt habt;
- ob ihr die Gefühle der Handlungsfiguren passend dargestellt habt.

 Notiert in der Tabelle die Gefühle der Handlungsfiguren aus dieser Nacht in Stichwörtern.

Ghost	Ghosts Mutter	Ghosts Vater

Ziele im Leben haben

»Goodbye Bellmont« von Matthew Quick

**für die 8. bis
10. Klassenstufe**

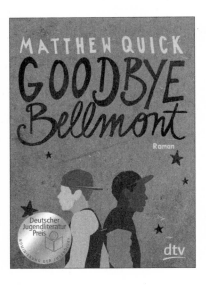

EUR 9,95 [DE]
ISBN: 978-3-423-71858-5
256 Seiten
Aus dem amerikanischen
Englisch von Knut Krüger

Zum Inhalt

Finleys Ticket raus aus der von rivalisierenden Gangs regierten Stadt Bellmont heißt Basketball. Und er und seine Freundin Erin haben tatsächlich gute Chancen, in ihrem letzten Highschooljahr ein Stipendium zu ergattern. Da taucht Russ Allen auf. Er nennt sich Boy21 und behauptet, aus dem Weltall zu kommen. Nur Finley weiß, dass Allen seit der Ermordung seiner Eltern in einer Scheinwelt lebt und eigentlich eines der begnadetsten Basketballtalente überhaupt ist. Und er weiß auch, dass, wenn Russ je wieder spielen sollte, sein eigener Stammplatz im Team in Gefahr ist. Ausgerechnet Finley wird vom Coach gebeten, sich mit Russ anzufreunden, um ihm einen Weg zurück ins Leben und zurück zum Spiel zu ermöglichen …

- Eine Geschichte über Freundschaft und Verrat in einer von Gangs und Rassismus beherrschten Stadt
- Nominiert für den Deutschen Jugendliteraturpreis (Jugendjury)

Zum Autor

© Alicia Bessette

Matthew Quick, 1973 in Oaklyn, New Jersey, geboren, studierte Anglistik, arbeitete als Englischlehrer, schmiss seinen Job und reiste so lange durch Südamerika und Afrika, bis er endlich den Mut aufbrachte, das zu tun, was er schon immer machen wollte: einen Roman schreiben. Die Verfilmung seines Debüts »Silver Linings« gewann einen Golden Globe und wurde mit einem Oscar ausgezeichnet und für weitere sieben nominiert. Matthew Quick lebt mit seiner Frau in Holden, Massachusetts.

Zum Unterrichtsmaterial

Das Unterrichtsmaterial zu »Goodbye Bellmont« wurde herausgegeben von Marlies Koenen und erarbeitet von Gabriele Jäggle.

Thematik
- Ziele im Leben haben
- Erwachsenwerden
- Freundschaft & Vertrauen
- Schicksalsschläge verarbeiten
- Basketball

Methodische Schwerpunkte
- Figurenentwicklung
- Gruppendiskussionen
- Umgang mit Tod & Trauer

Das komplette Unterrichtsmaterial finden Sie direkt hier:

www.dtv.de/goodbye-bellmont

Textauszug aus dem Roman »Goodbye Bellmont« von Matthew Quick

Finleys größtes Ziel im Leben ist es, mit einem Sportstipendium die arme Gegend Bellmonts zu verlassen. Er trainiert hart und tut alles, was sein Trainer sagt. Als dieser ihn bittet, Russ, einen neuen Schüler mit einem schweren Schicksalsschlag, zu helfen, gerät Finley in einen großen Konflikt.

(Buchseiten 7 bis 9)

Meine Kindheitserinnerungen

Manchmal bilde ich mir ein, dass meine früheste Kindheitserinnerung die ist, wie ich in unserem Garten auf den Basketballkorb werfe. Da ich ein Knirps bin, gibt mir Dad einen Kinderbasketball und senkt den verstellbaren Ring. Er sagt mir, ich solle so lange werfen, bis ich hundert Mal hintereinander getroffen habe, was mir unmöglich erscheint. Dann geht er wieder ins Haus, um nach Pop – meinem Opa – zu sehen, der gerade erst ohne Beine aus dem Krankenhaus zurückkam und ständig den Rosenkranz meiner toten Großmutter durch die Finger gleiten lässt. In unserem Haus ist es schon lange still, und ich verstehe, dass meine Mutter nicht wiederkommen wird, aber ich will nicht daran denken, was passiert ist, also tue ich, was mein Vater mir aufgetragen hat. Am Anfang treffe ich nicht mal den Ring, obwohl er jetzt niedriger hängt. Ich werfe stundenlang, bis ich vom ewigen Nach-oben-Schauen einen steifen Nacken habe und total durchgeschwitzt bin. Als die Sonne untergeht, schaltet Dad die Scheinwerfer ein, und ich werfe immer weiter, weil das besser ist, als reinzugehen und Opa weinen und stöhnen zu hören – außerdem hat Dad gesagt, ich solle das tun.

In meiner Erinnerung werfe ich die ganze Nacht hindurch auf den Korb und höre auch an den nächsten Tagen, Wochen und Monaten nicht damit auf. Ich mache noch nicht mal Pause, um zu essen, zu schlafen oder aufs Klo zu gehen. Gedankenverloren werfe ich

89

Korb um Korb, als ob ich nie wieder zurück ins Haus müsste – und ich vergessen könnte, was passiert war, bevor ich anfing, Körbe zu werfen.

Man kann sich in Wiederholungen verlieren, die Gedanken besänftigen – das habe ich schon sehr früh schätzen gelernt. Ich erinnere mich, wie das Laub von den Bäumen fiel und unter meinen Füßen raschelte, an das Brennen der Schneeflocken auf meiner Haut, an die langstieligen gelben Blumen, die an unserem Gartenzaun wuchsen, und an die sengende Julisonne – das alles habe ich erlebt, während ich auf den Korb warf, immer und immer wieder. Ich muss wohl noch andere Dinge getan haben – mit Sicherheit bin ich zur Schule gegangen, aber das Körbewerfen ist tatsächlich die einzige Erinnerung aus meiner Kindheit.

Nach ein paar Jahren fing Dad an, mehr zu reden und mit mir zusammen auf den Korb zu werfen, was schön war.

Manchmal parkte Pop seinen Rollstuhl am Ende der Auffahrt und nippte an seinem Bier, während er zusah, wie ich meinen Sprungwurf perfektionierte.

Je größer ich wurde, desto höher hing der Ring.

Und plötzlich tauchte ein Mädchen in unserem Garten auf. Sie hatte blonde Haare und ein Lächeln, das nie zu vergehen schien.

»Ich wohne ein Stück die Straße runter«, sagte sie. »Ich gehe in deine Klasse.«

Ich warf einfach weiter und hoffte, sie würde wieder verschwinden. Sie hieß Erin und machte einen echt netten Eindruck, aber ich hatte keine Lust, mich mit irgendjemand anzufreunden. Ich wollte nichts anderes, als für den Rest meines Lebens Körbe zu werfen.

»Bin ich eigentlich Luft für dich?«, fragte sie. Ich versuchte, sie nicht zu beachten, weil es mir dann so vorkam, als gäbe es keine Welt um mich herum. »Du bist echt ein komischer Typ«, sagte sie, »aber das macht mir nichts aus.«

Mein Ball prallte vom Korb ab und flog direkt auf ihr Gesicht zu, aber die Reflexe des Mädchens waren in Ordnung, also fing sie den Ball auf, ehe er ihr die Nase brechen konnte.

»Darf ich auch mal werfen?«, fragte sie.

Da ich nicht antwortete, nahm sie einfach den Ball und warf ihn in den Korb.

»Ich spiele manchmal mit meinem älteren Bruder«, erklärte sie. Wenn ich mit meinem Vater spiele, dann bekommt der Werfer so lange den Ball, bis er nicht mehr trifft, also passte ich ihr den Ball zu, und sie warf und warf und warf.

In meiner Erinnerung warf sie bestimmt fünfzig Mal am Stück, ehe ich den Ball zurückbekam. Unseren Garten hat sie seitdem nicht mehr verlassen – von nun an warfen wir immer zusammen auf den Korb, jahrein und jahraus. (…)

(Buchseiten 13/14)

Saisonvorbereitung

Eine Woche vor Beginn unseres letzten Highschooljahres trägt Erin ihr Trainingstrikot. Von der Seite kann ich ihren schwarzen Sport-BH erkennen, was irgendwie sexy ist – jedenfalls für mich. Ich versuche nicht hinzugucken – vor allem, da wir gemeinsam mit meiner Familie am Frühstückstisch sitzen –, doch immer wenn sich Erin vorbeugt und ihre Gabel zum Mund führt, erhasche ich einen Blick auf die Rundungen ihrer kleinen Brüste. Hör auf zu glotzen!, sage ich mir, aber das ist unmöglich. Von dem, was gesagt wird, während wir uns Rührei und Würstchen schmecken lassen, nehme ich kein Wort zur Kenntnis. Keiner bemerkt mein Starren. Erin ist so schön und charismatisch, dass Dad und Pop mich nicht beachten, wenn meine Freundin in der Nähe ist. Auch sie haben nur Augen für Erin.

Als wir aufbrechen, ruft mein beinloser Opa mir von seinem Rollstuhl aus nach: »Sorg dafür, dass die letzten Iren in dieser Stadt stolz sein können!«

Mein Vater sagt: »Gib einfach dein Bestes. Denk dran, es ist ein langer Weg, und am Ende wirst du dein Talent schon unter Beweis stellen.«

Das ist Dads persönliches Lebensmotto, obwohl er nachts arbeiten muss und an der Brücke die Mautgebühren kassiert, wozu man weder Talent noch eine besondere Arbeitsmoral braucht.

Vor allem wegen Pop hat mein Dad ein ziemlich eintöniges Leben. Doch seine Augen sind voller Hoffnung, wenn er sagt, dass sich mein Talent auf lange Sicht schon durchsetzen werde. Und genau das versuche ich ihm und mir zu beweisen.

Ich glaube wirklich, dass die Abende, an denen mir Dad beim Basketballspielen zusieht, die besten seines Lebens sind. Auch darum liebe ich den Basketball so sehr: weil er mir die Möglichkeit gibt, meinen Dad glücklich zu machen.

Wenn ich gut gespielt habe, sagt Dad mit feuchten Augen, dass er stolz auf mich ist, worauf ich ebenfalls feuchte Augen kriege.

Wenn Pop das mitbekommt, nennt er uns Schwuchteln.

»Bist du fertig?«, fragt mich Erin.

Wenn ich in ihre wunderschönen kleegrünen Augen blicke, muss ich sofort daran denken, sie später zu küssen, und bekomme einen Ständer, also schlage ich mir diesen Gedanken schnell wieder aus dem Kopf.

Für Liebe ist jetzt keine Zeit – ich muss mich in Form bringen, weil die Basketballsaison schon in zwei Monaten anfängt.

(Buchseiten 113 bis 115)

Der Neue im Team

Der Coach schließt die Tür der Sporthalle auf, und wir gehen hinein. Ich beschließe, Boy21 nicht zu beachten und mich auf meine eigenen Ziele zu konzentrieren. Wenn ich während der Saison nicht mal mit Erin rede – meiner besten Freundin seit der Grundschule –, dann brauche ich auch kein schlechtes Gewissen zu haben, wenn ich Boy21 ignoriere. Ich muss Prioritäten setzen. Jetzt geht's um Basketball. Meine Teamkameraden brauchen mich. Stimmt doch! Das einzige Problem besteht darin, dass die Eltern von Boy21 ermordet wurden und ich weiß, dass ich ihm helfen sollte, weil er leidet. Während wir alle auf den Korb werfen, rückt Boy21 nahe an mich heran, aber ich achte nicht auf ihn, sondern konzentriere mich ganz darauf, die Rebounds zu holen. Bisher hat es mir nichts ausgemacht, einen Schatten zu haben, doch plötzlich bedrückt mich seine Gegenwart, als würde sie mich bremsen. Es ist so, als hätte ich eine Freundin während der Saison – eine ungewollte Ablenkung. Als ich einen kurzen Blickkontakt mit Russ bekomme, sehe ich, wie nervös er ist, geradezu verängstigt, was mich zornig macht, denn wenn unser Coach richtigliegt, ist Boy21 der beste Basketballer in dieser Sporthalle – wovor sollte er also Angst haben? Der Coach bläst in seine Trillerpfeife, worauf wir uns alle an der Wand niederlassen. Boy21 lässt sich neben mir auf den Boden sinken, aber ich schaue ihn nicht an. Der Coach sagt, dass er nur achtzehn Trikots zu vergeben hat und nächste Woche entscheiden wird, wer sie bekommt. Sechsundzwanzig Spieler sitzen an der Wand, was bedeutet, dass es acht Spieler nicht in den Kader schaffen werden. Der Coach spricht über unser Ziel, die State Championship zu gewinnen. Er spricht über Teamgeist und harte Arbeit und wie wir eine Gemeinschaft – eine Familie – werden. Er sagt all das, was er jedes Jahr sagt. Ich habe diese Worte schon tausendmal gehört, nichtsdestotrotz erzeugt die Botschaft des Coachs bei mir ein Gefühl der Leichtigkeit und Konzentration. Meine Muskeln sind bereit. Mein Herz will schnell schlagen, mein Bewusstsein auf Autopilot schalten. Als würde man in Trance fallen. Die Saison ist das Einzige in meinem Leben, das wirklich von Bedeutung ist. Man hat ein klares Ziel vor Augen. Mehrere Leute tun sich zusammen, um dieses Ziel zu erreichen, was anschließend von der Gemeinschaft gefeiert wird. Basketball ist das Einzige, was hier richtig angepackt und von den Leuten beständig unterstützt wird. Es ist die mit Abstand beste Sache in meinem Leben – Erin vielleicht ausgenommen. Schon bald werden wir vom Coach über das ganze Feld gehetzt, doch fällt es mir nicht schwer, Boy21 zwischen den Linien im Auge zu behalten, weil seine Performance so jämmerlich ist, dass sie niemand entgeht.

Auszug aus dem Unterrichtsmaterial zu »Goodbye Bellmont« zum Leitthema »Ziele im Leben haben«

 Finde Gründe, warum Finley Basketball so sehr liebt. Die Buchseiten 7 bis 9, 13/14 und 113 bis 115 helfen dir hierbei.

»Die Saison ist das Einzige in meinem Leben, das wirklich von Bedeutung ist. Man hat ein klares Ziel vor Augen. (...) Es (Basketball) ist das Beste in meinem Leben – Erin vielleicht ausgenommen«.
(Buchseiten 114/115)

 Diskutiert in der Gruppe:
• Weshalb ist es so wichtig, Ziele im Leben zu haben?
• Welche Problematik taucht auf, wenn Menschen keine Ziele haben – denkt an das Umfeld Finleys und die Gegend, in der er aufgewachsen ist.

Auszug aus dem Unterrichtsmaterial zu »Goodbye Bellmont« zur Methode »Rollenbiografie«

Methodenbox »Rollenbiografie«

Eine Rollenbiografie ist eine produktionsorientierte Form kreativen Schreibens, deren Ziel es ist, einer Handlungsfigur bspw. im Rahmen eines Romans eine persönliche Erfahrungsgeschichte zuzuordnen. Geprüft werden muss dabei zunächst, welche Informationen sich bereits aus dem Text über die Figur erschließen lassen. Eine Rollenbiografie wird in der Ich-Form geschrieben. Dies ermöglicht dem Schreibenden eine unmittelbare Verbindung/Identifikation mit der Figur und ihrer Geschichte.

Zur Abfassung einer Rollenbiografie können neben dem zu inszenierenden Text auch weitere Informationsmittel genutzt werden, wie Bilder, kurze Videosequenzen, Sachtexte ... Grundlegend ist jedoch, dass die eingefügten biografischen Informationen schlüssig sein müssen und zur Handlungsebene des Textes nicht im Widerspruch stehen dürfen.

Im Laufe des Romans vollzieht Finley – bedingt durch die Freundschaft mit Russ und aufgrund von Erins Verschwinden – eine Reihe wichtiger Entwicklungsschritte. Von daher bietet sich die Erarbeitung einer Rollenbiografie zu Finley an. Bei einer Rollenbiografie (Selbstdarstellung) stellst du eine Figur/Rolle aus einem Text vor. Dabei versetzt du dich am besten selbst in diese Rolle, indem du in der Ich-Form schreibst.

Trage zunächst möglichst viele Informationen zu deiner Figur zusammen.
Die Fragen in den Kästchen helfen dir, deine Hinweise zu ordnen.

Allgemeines:	*Äußeres:*
Wie heißt die Figur? Wie alt ist sie?	Welche äußeren Merkmale kennzeichnen die Figur? Wie groß ist sie, wie ist ihr Körperbau?
Entwicklung: Wo kommt die Figur her, wie ist sie aufgewachsen? Wer sind ihre Eltern? Wie ist das Verhältnis zu ihnen? Gibt es Geschwister? Welche Erfahrungen hat die Figur in ihrer Kindheit/Jugend gemacht?	*Alltag:* Welchen Beruf hat die Figur? Wie sieht ihr Alltag aus? Wo würde die Figur gerne leben?
Selbstbild: Was mag die Figur an sich selbst, was nicht? Was beschäftigt sie am meisten? Was ängstigt sie? Wovon träumt sie? Welche Ziele hat sie? Welches Verhältnis hat die Figur zu sich selbst?	*Beziehung zu anderen Personen:* Was bedeuten der Figur die anderen Menschen? Wie verhält sich die Figur zu ihnen? Welche Menschen sind ihr wichtig? Gibt es Rivalitäten?

 Tausche dich mit einem/einer Partner:in über die Arbeitsmethode »Rollenbiografie« aus.

Flucht und Heimat

»Vor uns das Meer« von Alan Gratz

für die 8. bis
10. Klassenstufe

EUR 9,95 [DE]
ISBN: 978-3-423-62753-5
304 Seiten
Aus dem Englischen von
Meritxell Janina Piel

Zum Inhalt

Wenn das eigene Zuhause zu einem Ort der Angst und der Unmenschlichkeit wird, ist es kein Zuhause mehr. Josef ist elf, als er 1939 mit seiner
Familie aus Deutschland vor den Nazis fliehen muss. Isabel lebt im Jahr
1994 in Kuba und leidet Hunger – auch sie begibt sich auf eine gefähr-
liche Reise in die verheißungsvollen USA. Und der zwölfjährige Mahmoud verlässt im Jahr 2015 seine zerstörte Heimatstadt Aleppo, um in
Deutschland neu anzufangen. Alan Gratz verwebt geschickt und unge-
mein spannend die Geschichten und Schicksale dreier Kinder aus unterschiedlichen Zeiten. Er erzählt unsentimental und gerade dadurch er-
greifend. Ein zeitloses Buch über Vertreibung und Hoffnung, über die
Sehnsucht nach Heimat und Ankommen.

- Über Mut und die Suche nach einem Zuhause
- Nominiert für den Deutschen Jugendliteraturpreis (Jugendjury)
- Für Schüler:innen verschiedener Herkunft eine Möglichkeit, miteinander ins Gespräch zu kommen.

Zum Autor

© Wes Stitt

Alan Gratz ist Autor vieler von der Kritik gefeierter Bücher für Kinder und Jugendliche. Er wurde 1972 in Knoxville, Tennessee, geboren und lebt mit seiner Familie im westlichen North Carolina.

Zum Unterrichtsmaterial

Das Unterrichtsmaterial zu »Vor uns das Meer« wurde herausgegeben von Marlies Koenen und erarbeitet von Gabriele Herrman.

Thematik

• Flucht und Heimat
• Krieg und Zerstörung der Heimat
• Trennungs- und Verlusterfahrungen
• Zusammenhalt und Freundschaft
• Wachsen an der Krise

Methodische Schwerpunkte

• Fluchterfahrungen personen- und entwicklungsbezogen zuordnen
• Verhaltensmotive aus dem Textzusammenhang erschließen
• Pro- und Contra-Positionen zu Schlüsselthemen entwickeln

Das komplette Unterrichtsmaterial finden Sie direkt hier:

www.dtv.de/vor-uns

Textauszug aus dem Roman »Vor uns das Meer« von Alan Gratz

Drei Kinder, drei Orte, drei Zeiten – und dreimal das Schicksal der Flucht, verbunden mit der Suche nach einer neuen Heimat. Auch Mahmoud (12) hat sich mit seiner Familie von Syrien aus auf den Weg gemacht und kommt in Berlin an.

(Buchseiten 34 bis 36)

Der Angriff

Gerade hatte sich Mahmoud an eine neue Gleichung gesetzt, da hörte er über die Stimmen aus dem Fernseher hinweg ein Geräusch. Ein anschwellendes Dröhnen, als würde ein heißer Wind von draußen auf ihr Haus zufegen. In der einen Sekunde, die das Geräusch brauchte, um sich von einer leichten Brise in einen Tornado zu verwandeln, ließ Mahmoud seinen Bleistift fallen, presste die Hände gegen die Ohren und duckte sich unter den Küchentisch. Mittlerweile wusste er, wie sich eine Rakete im Anflug anhörte. ZZZZZZZZZZZZZZZiiiiii iiiiiiiiiiiiiiiiiiiSCHSCHSCH! Die Wand ihrer Wohnung explodierte, Betonbrocken und Glas wirbelten durch das Zimmer. Der Boden unter Mahmoud bäumte sich auf und warf ihn zusammen mit dem Tisch und den Stühlen rückwärts in Richtung Küchenwand. Die ganze Welt schien sich in einen Wirbel aus Backsteinen, zerbrochenem Geschirr, Tischbeinen und Hitze verwandelt zu haben. Mahmoud knallte gegen einen Küchenschrank, und ihm blieb auf der Stelle die Luft weg. Dann landete er mit einem dumpfen Schlag auf dem Boden, inmitten eines Schutthaufens aus Metall und Mauerresten. In Mahmouds Ohren schrillte ein greller Pfeifton, wie ihn der Fernseher machte, wenn der Satellit nach einem Signal suchte. Über ihm sprühten die Überreste der Küchenlampe Funken. Für Mahmoud zählte in diesem Augenblick nur noch Luft. Er konnte nicht atmen. Er hatte das Gefühl, jemand würde auf seinem Brustkorb sitzen. Panisch schlug er auf die Trümmer um sich herum ein. Er konnte nicht atmen! Nicht atmen! Er fuchtelte wild mit den Armen, kratzte und wühlte im Schutt, so als könnte er sich irgendwie den Weg zurück zu einem Ort bahnen, an dem es Sauerstoff gab. Dann, plötzlich, begann seine Lunge wieder zu arbeiten, und er sog die Luft hastig und gierig in sich ein. Sie war voller Staub und kratzte und riss an seiner Kehle, wenn er atmete, doch Mahmoud hatte noch nie in seinem Leben etwas so Wohltuendes gespürt. Seine Ohren pfiffen noch immer, doch über das Geräuschgewirr hinweg hörte er noch mehr Krachen und Knallen. Nicht nur ihr Haus war getroffen worden, stellte er fest, sondern die ganze Nachbarschaft. Mahmouds Kopf fühlte sich heiß und nass an. Er tastete mit seiner Hand danach – und als er sie zurückzog, war sie voller Blut. Seine Schulter schmerzte, und sein Brustkorb brannte bei jedem verzweifelten Atemzug, doch das Einzige, woran er noch denken konnte, war, seine Mutter zu finden. Seine Schwester. Seinen Bruder. Er rappelte sich hoch, da sah er auf einmal das Gebäude auf der anderen Straßenseite im grellen Tageslicht vor sich stehen, als befände er sich unter freiem Himmel. Noch etwas benommen blinzelte er, dann wurde ihm klar, was passiert war: Die komplette Außenwand ihres Hauses war verschwunden.

(Buchseiten 54/55)

Der Entschluss

»Das ist eine ernste Sache«, fuhr Mama fort. »Natürlich haben wir schon darüber gesprochen wegzuziehen. Aber jetzt? So? Wir hatten uns doch vorgenommen zu packen, alles zu planen, Tickets zu kaufen, Hotelzimmer zu buchen. Alles, was wir jetzt noch haben, sind zwei Rucksäcke und unsere Handys. Deutschland ist weit weg, wie sollen wir da hinkommen?« Mahmouds Vater zuckte mit den Schultern. »Mit dem Boot? Oder dem Zug? Oder mit dem Bus? Zu Fuß? Ich weiß es nicht. Aber welche Wahl haben wir denn? Unser Zuhause ist zerstört! Hast du das Geld mitgenommen, das wir zur Seite gelegt hatten?« Mahmouds Mutter nickte, doch sie sah immer noch sehr besorgt aus. »Also haben wir Geld!«, versuchte sein Vater sie zu überzeugen. »Wir können von unterwegs Tickets kaufen. Außerdem haben wir unser Leben, das ist das Wichtigste. Aber wenn wir noch länger in Aleppo bleiben, haben wir das vielleicht bald auch nicht mehr.« Mahmouds Vater schaute von seiner Frau hinüber zu Mahmoud und dann zu Walid. »Wir haben viel zu viel Zeit damit vergeudet, darüber zu reden, anstatt es zu tun. Hier ist es nicht sicher, schon lange nicht mehr. Wir hätten längst weggehen sollen. Ob wir bereit sind oder nicht, spielt keine Rolle – wenn wir leben wollen, müssen wir Syrien verlassen.«

(Buchseiten 274/275)

In einer fremden Stadt

Im Radio des Vans, der Mahmoud und seine Familie durch die Straßen von Berlin fuhr, lief ein deutsches Lied, das Mahmoud nicht kannte. Berlin war die größte Stadt, die er je gesehen hatte, viel größer als Aleppo. Überall gab es Bars, Cafés, Geschäfte, Denkmäler und Statuen, Wohnhäuser und Bürogebäude. Fast alle Schilder waren auf Deutsch, aber hin und wieder entdeckte er auch Schilder von Kleidergeschäften, Restaurants oder Supermärkten auf Arabisch. Auf den Bürgersteigen reihten sich die Gebäude aneinander wie zehnstöckige Mauern aus Ziegelsteinen und Glas, und auf den Straßen fuhren Autos, Fahrräder, Busse und Straßenbahnen vorbei, hupten und machten Lärm. Dieser fremde, beängstigende, aufregende Ort sollte also Mahmouds neues Zuhause sein. Die deutsche Regierung hatte ihn und seine Familie aufgenommen. In den letzten vier Wochen hatten sie gemeinsam in einer Schule in München gewohnt, die zu einer einfachen, aber sauberen Flüchtlingsunterkunft umfunktioniert worden war. Dort waren sie geblieben – sie durften kommen und gehen, wann immer sie wollten –, bis sich eine Gastfamilie bereit erklärt hatte, sie bei sich aufzunehmen, solange sie in Deutschland noch nicht Fuß gefasst hatten. Eine Gastfamilie hier, in dieser Straße, in der

Hauptstadt des Landes. Der Van hielt neben einem kleinen grünen Haus mit weißen Fensterläden und einem spitzen Dach. Blumen blühten in den Kästen vor den Fenstern, so wie Mahmoud es auch in Österreich gesehen hatte, und zwei deutsche Autos parkten in der Einfahrt. Auf der anderen Straßenseite übten Jugendliche in einem Park Tricks auf ihren Skateboards. Mahmouds Vater zog die Seitentür des Vans auf, um alle aussteigen zu lassen, und Mama, Mahmoud und Walid schnappten sich die Rucksäcke voll mit Kleidern, Pflegeprodukten und Bettzeug, die die deutschen Flüchtlingshelfer ihnen mitgegeben hatten. Der Mann, der sie hierhergebracht hatte, führte Mahmouds Familie die Treppe zu dem kleinen Haus hinauf. Mahmoud blieb einen Augenblick auf dem Bürgersteig stehen und schaute sich die Nachbarschaft an. Aus dem Geschichtsunterricht in Syrien wusste er, dass Berlin am Ende des Zweiten Weltkriegs fast völlig zerstört worden war – ein Haufen Schutt, genau wie Aleppo. Würde Syrien auch fast siebzig Jahre brauchen, um wieder aus seiner eigenen Asche aufzuerstehen, so wie Deutschland? Würde er seine Heimatstadt jemals wiedersehen? Freudige begrüßende Stimmen ertönten von der Veranda, und Mahmoud folgte seiner Familie die Stufen hinauf. Seine Mutter wurde gerade von einer älteren Dame umarmt, und ein älterer Herr schüttelte seinem Vater die Hand. Der Flüchtlingshelfer musste alles übersetzen, was gesagt wurde, denn Mahmoud und seine Familie sprachen noch kein Deutsch und die Gastfamilie offensichtlich kein Arabisch. Allerdings hatte es das ältere Ehepaar geschafft, ein Schild zu basteln, auf dem in Mahmouds Muttersprache »Willkommen« stand, auch wenn die gewählte Formulierung etwas zu förmlich klang. Mahmoud wusste ihre Mühe trotzdem zu schätzen, es war immerhin mehr, als er auf Deutsch sagen konnte.

Auszug aus dem Unterrichtsmaterial zu »Vor uns das Meer«
zum Leitthema »Flucht und Heimat«

»Aber welche Wahl haben wir denn? Unser Zuhause ist zerstört. ...
Außerdem haben wir unser Leben, das ist das Wichtigste. Aber wenn
wir noch länger in Aleppo bleiben, haben wir das vielleicht bald auch
nicht mehr.«
(Buchseite 55)

Diese Worte von Mahmouds Vater zeigen auf, wie dringlich eine
Flucht ist. Sie haben alles verloren, nur ihr Leben ist ihnen geblieben.
Die Familie steht vor der Entscheidung: Bleiben oder gehen?

 Überlegt euch, welche Argumente jeweils für das Bleiben
und das Gehen sprechen!

Schon immer bewegten sich Menschen über die Kontinente. Die
Gründe, die Heimat aufzugeben, sind vielfältig. Wenn man in einem
neuen Land mit einer fremden Kultur und anderen Traditionen
ankommt, dann kann dies überwältigend sein.

 Lies auf Buchseite 274 nochmals nach. Was empfindet
Mahmoud bei seiner Ankunft in Berlin als »fremd,
beängstigend und aufregend«?

»Jetzt bräuchten sie in ihren Herzen nur noch Platz für Deutschland zu machen, so wie Deutschland Platz für sie gemacht hatte, und diesen fremden, merkwürdigen Ort als ihr neues Zuhause akzeptieren.« (Buchseite 270)

Mahmoud äußert diesen Gedanken. Aber wie schafft man Platz für Neues? Muss man das Alte vergessen? Oder kann man vielleicht auch Altes und Neues miteinander verbinden?

 Diskutiert in der Klasse über diese Fragen. Welche Ideen habt ihr? Notiert sie euch auf einem Extrablatt.

Auszug aus dem Unterrichtsmaterial zu »Vor uns das Meer« zur Methode »Mindmap«

Methodenbox »Mindmap«

Das Mindmapping ist eine Methode, Ideen zu sammeln und sie grafisch darzustellen. Meist entsteht dabei ein netzwerkartig angeordnetes Gerüst von »Gedankenwegen«.

Ausgehend von einem Schlüsselbegriff, einer Themenformulierung, einem Bild im Mittelpunkt eines Flipchartblattes werden farbige Hauptlinien gezogen, die mit den zu nennenden Kernbereichen zum Thema beschriftet werden.

Von diesen Hauptlinien gehen dünner werdende Nebenlinien ab, die das Kernthema weiter aufgliedern, sich erneut verzweigen oder in Kästchen, Kreisen u. Ä. münden können, die mit weiteren Unterbegriffen gekennzeichnet sind.

Was ist für mich Heimat? Überlege, was für dich der Begriff HEIMAT bedeutet. Erstelle eine kleine Mindmap mit Begriffen:

Heimat

»Wenn das eigene Zuhause zu einem Ort der Angst und Unmenschlichkeit wird, ist es kein Zuhause mehr.« (Buchrückseite)

Es gibt verschiedene Umstände, durch die eine »Heimat« keine Heimat mehr bietet/ist. Welche Umstände fallen euch ein? Notiere gemeinsam mit einem Mitschüler/einer Mitschülerin.

Was bedeutet »Fremdsein« überhaupt? War jemand von euch schon einmal irgendwo »fremd«? Wie hat sich dieses »Fremdsein« angefühlt? Notiert eure Überlegungen:

Zivilcourage

»Der Schuss« von Christian Linker

für die 9. und
10. Klassenstufe

EUR 8,95 [DE]
ISBN: 978-3-423-71870-7
320 Seiten

Zum Inhalt

Der 17-jährige Robin wird in seinem Wohnblock Zeuge des Mordes an einem Anhänger der rechtsgerichteten »Deutschen Alternativen Partei«, deren Anführer Fred Kuschinski ein Kindheitsfreund von ihm ist. Die Rechten nutzen die Bluttat, um Fremdenhass und Ängste zu schüren. Auch Robins Schwester Mel schließt sich der Bewegung an und besucht die täglichen Mahnwachen. Robin hat sich bislang aus allen Konflikten im Block rausgehalten, aber jetzt wird ihm klar: Wenn er die Wahrheit ans Licht bringen will, ist Wegschauen keine Option mehr.

- Aktueller und wichtiger denn je – ein Plädoyer für Zivilcourage und gegen Rassismus!
- Politische Strukturen für Jugendliche verständlich gemacht
- Christian Linker steht für Schullesungen zur Verfügung

Zum Autor

© Barbara Dünkelmann

Christian Linker, geboren 1975, studierte in Bonn Theologie und machte Jugendpolitik, bevor er sich ganz dem Schreiben widmete. Seine Romane, die sich alle mit brisanten Themen auseinandersetzen, wurden vielfach ausgezeichnet.

Zum Unterrichtsmaterial

Das Unterrichtsmaterial zu »Der Schuss« wurde herausgegeben von Marlies Koenen und erarbeitet von Kathrin Diederichs.

Thematik
- Zivilcourage (gegen Rechts)
- Fremdenhass und Cybermobbing
- Leben im sozialen Brennpunkt

Methodische Schwerpunkte
- Die Macht der Sprache
- Politische Meinungsbildung
- Erzähltechniken

Das komplette Unterrichtsmaterial finden Sie direkt hier:

www.dtv.de/der-schuss

Textauszug aus dem Roman »Der Schuss« von Christian Linker

Robin (17) möchte sich am liebsten aus allem raushalten, um keinen Ärger zu bekommen. Doch dann gerät er an einen Tatort und später in eine Aktivistengruppe. Zum ersten Mal hat er einen Grund, sich für etwas einzusetzen.

(Buchseiten 13 bis 17)

Nachts auf dem Spielplatz

ROBIN

Was stimmt nicht mit dem Zeug, das ich gerade rauche? Woher zur Hölle kommt auf einmal dieses Röcheln? Ein Schatten taucht drüben an der Treppe auf. Fuck, das ist ... die absolute Zombieapokalypse! Da taumelt ein Typ auf mich zu, macht gurgelnde Geräusche, glotzt mich glasig an, faucht was, das nach Wörtern klingt: »Unten ... Garage ... Krankenwagen.«

Erst denk ich, der wär einfach besoffen oder stoned von irgendwas; dann seh ich, dass er Blut spuckt. Sein Gesicht hat die Farbe von dem Käse, den meine Mutter immer für ewig im Kühlschrank liegen lässt, das seh ich sogar im Dunkeln. Er ist vielleicht Ende zwanzig und hat hier im Block nichts zu suchen, schon von den Klamotten her. Auch seine Hände sind voller Blut. Die eine Hand ist zur Faust verkrampft, die andere greift nach mir. Ich zuck zurück, kipp nach hinten von der Bank und rappel mich auf. Jetzt hab ich den verdammten Joint verloren.

»Hör zu«, sag ich zu dem Typen, »ich kann grad echt keinen Ärger brauchen. Keine Ahnung, mit wem du Palaver hast und warum, ruf dir einfach einen Krankenwagen und lass mich aus der Nummer raus, okay?«

»Handy ...« Wieder versucht er, mich mit seiner blutverschmierten Hand zu packen. Die andere Hand ist immer noch zur Faust geballt.

»Oh, nein«, sag ich, »das läuft nicht. Nicht mit meinem Handy. Dann haben die meine Nummer und ich häng mit drin.«

»Handy …« Er fummelt mit der freien Hand an seiner Jacke rum, kriegt es aber nicht hin.

»Was für eine verdammte Scheiße!«, ruf ich unterdrückt und seh mich um, ob außer uns noch jemand hier ist. Ist aber keiner.

»Gib schon dein fucking Handy her.«

Ich greif in seine Jackentasche. Die Tasche ist warm und feucht. Ganz kurz denk ich, der hätte sich vollgepisst, dann schnall ich, dass es sein Blut ist. Und zwar überall. Schon klebt es an meinen Fingern. Ich krieg sein Handy zu fassen, zieh es raus und tippe eins, eins, zwei.

»Hallo«, sag ich, als sich der Notruf meldet, »auf dem Spielplatz, Breslauer Block, oben auf der Garage – ein verletzter Mann. Blutet stark.«

»Wie heißen Sie bitte?«, fragt eine Frau am anderen Ende.

»Ist doch kackegal.«

Der Typ vor mir macht so was wie ein Victory-Zeichen. »Zwei … unten ist … auch einer.« Dann sackt er in sich zusammen.

»Hören Sie«, sag ich, »einer ist auf der Garage und ein anderer ist in der Garage.«

»Verstanden«, sagt die Notruffrau. »Bitte legen Sie noch nicht auf, wir …«

Ich drück sie weg und pack den Typen vor mir. Ich zieh ihn ein Stück ins Gebüsch, denn ich hab keinen Bock auf Publikum. Es ist zwar schon weit nach Mitternacht und die Hausfassaden um uns rum liegen stockdunkel da, aber hinter ein paar Fenstern flimmert noch Fernsehlicht, und vielleicht geht irgendwer gerade zufällig auf seinen Balkon raus und guckt nach unten. Das Gebüsch bildet ein schönes Dach über uns, das müsste alle Blicke abhalten. Ich roll ihn herum, dass er auf dem Rücken liegt; dann zieh ich seinen Pullover hoch, leuchte mit seinem Handy und seh die Stichwunde an seinem Bauch. Der Bauch hebt und senkt sich schnell unter seinem flachen

Atem und pumpt dabei rhythmisch Blut heraus. Im kalten Handy-licht sieht das ganz schwarz aus. Ich spür den Stich in meinem eigenen Körper.

»Scheiße«, fluch ich leise und such die Gürtelschnalle von dem Mann, »scheiße, scheiße, scheiße!«

Ich find die Schnalle, öffne sie und zieh den Gürtel mühsam aus den Schlaufen.

»Emil …« Der Typ ist anscheinend doch noch bei Bewusstsein. »Becker …«

»Halt die Fresse!«, schnauz ich ihn an. »Ich will nichts hören! Ich will nichts wissen oder mitkriegen oder in irgendwas reingezogen werden, hast du verstanden?«

Ich zerr an seinem Pullover, aber es ist unmöglich, ein Stück rauszureißen. Ich müsste ihm das Teil komplett ausziehen und ihn dafür aufrichten, doch dafür ist er zu schwer; und außerdem gibt ihm das vielleicht den Rest.

»Fuck, fuck, fuck«, schimpf ich vor mich hin, streif meinen Hoodie ab und zieh mir das T-Shirt über den Kopf.

Der Fremde packt mich mit der freien Hand am Arm und fuchtelt gleichzeitig mit seiner Faust herum.

»Leute … von … Kuschinski …«, blubbert es aus ihm heraus.

»Halt endlich deine Fresse, Mann, oder ich lass dich hier verbluten, okay?«

Das scheint ihn für einen Moment zu beeindrucken. Ich falte mein Shirt vier-, fünfmal aufeinander, dann press ich es so fest wie möglich auf die blutende Wunde. Ich greif nach seiner freien Hand, führ sie an die Stelle und sag: »Drück zu, wenn du kannst.«

Dann nehm ich den Gürtel und versuch, ihn unter dem Rücken des Fremden durchzuziehen. Er scheint endlich zu kapieren, was ich da tu, und hebt ein bisschen den Hintern, wobei er erbärmlich stöhnt, aber es geht. Ich krieg den Gürtel um ihn rum, kann ihn über dem Knäuel von meinem Shirt strammziehen und schließen.

Es ist der perfekte Druckverband. Ich zieh meinen Hoodie wieder an.

»Viel Glück, Mann«, sag ich, heb das Handy des Fremden auf und steck es ein. »Sorry, aber es käm gerade nicht gut, wenn die meine Fingerabdrücke irgendwo finden, wo sie nicht hingehören. Falls du durchkommst, kauf dir zur Feier des Tages ein neues.«

Nein, ich bin absolut nicht so cool, wie ich es ihm und mir vormach. Aber die künstliche Coolness hält meine Nerven im Griff und mein Hirn am Laufen. Und außerdem die Erinnerung unter Kontrolle, die ich jetzt echt nicht brauchen kann.

Wo ist der verdammte Joint? Da. Und er hat noch Glut, ich verbrenn mir die Flossen dran, aber ich muss ihn verschwinden lassen, denn ganz sicher wird es hier bald von Cops wimmeln. Aber als ich endlich abhauen will, kommt noch mal Leben in den Fremden. Wieder packt er mich und seine Faust trifft mich hart an der Schulter, dann öffnet sie sich. Drin liegt ein kleines rotes Teil. Ein USB-Stick.

»Henry!«, beschwört er mich, als wären das seine absolut letzten Worte, »du musst den Stick Henry geben!«

»Ein einfaches Danke hätte schon gereicht«, sag ich und nehm den Stick an mich.

Nicht um ihm seinen vielleicht letzten Willen zu erfüllen, sondern damit der Typ mich loslässt. Tatsächlich scheint es ihn zu beruhigen, denn er entspannt sich augenblicklich und sinkt schlaff zurück auf den Boden.

Schon bin ich auf den Beinen, flitz gebückt aus dem Gebüsch raus und quer über den Spielplatz. Dabei scanne ich die endlosen Reihen von Balkons, die wie betonierte Bienenwaben an den Fassaden kleben. Weit oben glimmt ein roter Punkt im Dunkel. Irgendwer steht da auf seinem Balkon und raucht. Falls er oder sie irgendwas mitgekriegt hat, dann … scheiß drauf. Lässt sich eh nicht ändern.

Wovor zur Hölle hab ich Schiss? Hab ich nicht gerade sogar einem fremden Typen vielleicht das Leben gerettet? Aber egal, mit wem hier im Block der Typ Palaver haben mag – wenn ich da reingezogen würde, wär ich eh der Allerletzte, dem die Cops irgendwas glauben. Deshalb muss ich so schnell wie möglich weg von hier.

(Buchseiten 17 bis 22)

Einfach abhauen!

Ich komm an die Treppe, die nach unten zur Straße führt. Blaue Blitze schneiden in die Nacht. Zwei Rettungswagen biegen in die Zufahrt zum Parkhaus ein. Fuck, ich würd denen direkt in die Arme laufen. Ich mach ein paar Sätze zurück und bieg nach links. Die Brüstung da ist nicht hoch und der Gehweg, der seitlich am Parkhaus vorbeiführt, liegt nicht zu tief. Schon hab ich die Brüstung erreicht und das rechte Bein drübergeschwungen, da hör ich unterdrückte Stimmen.

»Niemals«, sagt einer. »Der ist doch nicht so blöd, nach oben zu laufen.«

Könnte die Stimme von Schädel sein, dem Boss der Nazi-Clique hier im Block.

»Aber hier ist er auch nicht lang.« Das ist Schädels Buddy Nikolaj. Ich erkenne seinen russischen Akzent. »Sonst wären doch irgendwo Blutspuren.«

»Falls ich ihn überhaupt richtig erwischt hab«, antwortet Schädel.

Er ist es definitiv, denn er und Nikolaj hängen immer zusammen rum wie siamesische Zwillinge. Drillinge eigentlich, denn meistens haben sie noch ihren Kumpel Emil im Schlepptau ... oh fuck, oh mega-fuck, plötzlich schnalle ich das alles. Schädel hat den Typen abgestochen, der da drüben im Gebüsch liegt, und ich lauf hier mit dessen Handy und dem ominösen USB-Stick rum.

Lautlos zieh ich das Bein wieder zurück und späh nach unten. Schädel kratzt sich am kahlen Kopf und Nikolaj kramt eine Zigarette hervor, die er sich anzündet. Beide machen keine Anstalten weiterzugehen.

Drüben, wo die Treppe und die Garageneinfahrt liegen, quietschen Bremsen. Türen werden geknallt, Worte fliegen hin und her. Das stumme Blaulicht füllt die Häuserschlucht bis oben an, als wär der ganze Block ein verdammter Club oder was. Hinter etlichen Fenstern wird es hell, Gesichter schieben sich über Blumenkästen, ein Meer roter Punkte glüht auf. Ich renn die paar Schritte zum Sandkasten rüber, fall auf die Knie und buddle rasch ein tiefes Loch, bis ich den harten Grund erreiche. Dann werf ich Handy und Stick rein und auch den Stummel meines Joints, füll es auf und streich den Sand glatt. Trotz der Buddelei klebt immer noch das verdammte Blut an meinen Händen. Auch an meinem Hoodie ist Blut, aber nur von innen, da hab ich extra aufgepasst. Soweit ich das erkennen kann, denn der Spielplatz liegt im Dunkeln, und das ist ja auch gut so. Keine Ahnung, ob irgendeiner von den Zaungästen da oben auf den Balkonen sieht, was ich hier mach, oder mich sogar erkennt. Wenn ich Glück hab, glotzen alle bloß auf die andere Seite der Garage, von wo ich jetzt die Schritte der Sanitäter am Treppenaufgang hör. Ich lauf zurück zur Brüstung und schwing mich drüber.

Es ist ein harter Schlag, als ich unten auf dem Gehweg aufkomm. Ich spür ihn komischerweise weniger in den Füßen, mehr im Bauch. Heiß sticht er in meine Narbe. Schädel und Nikolaj, die mir beide den Rücken zugedreht haben, fahren entgeistert herum. Bevor sie auf mich scharfstellen können, hab ich schon die blutigen Hände in die Taschen meines Hoodies geschoben. Ihre Gesichtszüge entspannen sich, als sie checken, dass da bloß Robin Fuchs aus dem Haus Nummer siebzehn vor ihnen steht, der kleine Dealer, der mit niemandem Stress kriegen will. Vielleicht haben sie einen Zombie erwartet, etwa ihr Opfer von oben aus dem Gebüsch, das als Untoter zurückkommt, um sich an ihnen zu rächen. Jedenfalls sehen sie wirklich so aus, als hätten sie gerade einen Geist gesehen. Vielleicht haben sie das auch. Ich meine – klar, die Jungs von der Kameradschaft sind hammerhart drauf. Aber eine Messerstecherei erleben die auch nicht alle Tage. Das ist eher so Hakans Branche. Wieso zur Hölle muss ich ausgerechnet jetzt an Hakan Topal denken? Vielleicht wegen des Stichs in der Narbe.

»Fuchs!«, ruft Nikolaj endlich. Aus seinem Mund klingt es wie: Fuuuks. »Wo kommst du denn her?«

Ich hab schon gedacht, die würden nie ihre Sprache wiederfinden.

»Von oben«, sag ich, ohne die Hände aus den Taschen zu nehmen.

»Ist die Treppe kaputt?«

»Nee. Aber voller Leute. Bullen vielleicht oder bloß der Notarzt, jedenfalls ist dahinten Blaulicht und ich hab keinen Bock auf Ärger.«

Hinter Schädels Stirn wird heftig gearbeitet. Man kann zugucken, wie er denkt.

»Ist der also doch … Ich meine: Hast du da oben irgendwen gesehen?«

»Sucht ihr etwa diesen Perversen?«, frag ich zurück.

»Was für ein Perverser?«

»Na, der, den ihr sucht. Oder nicht? Ich hab ihn nicht gesehen, aber gehört. Schlich da im Gebüsch rum und hat total gestöhnt, das Schwein.«

»Gestöhnt?«

»Ja, so richtig pervers. Keine Ahnung, was dem abging.«

Schädel und Nikolaj tauschen einen Verschwörerblick.

»Und vielleicht hat dann irgendeiner die Bullen gerufen oder den Krankenwagen oder was.«

Ich zuck mit den Schultern, Hände in den Taschen.

»Ist doch ekelhaft, dass so kranke Perverse frei rumlaufen dürfen, oder?«, meint Nikolaj jetzt. »Sei froh, dass wir versuchen, hier ein bisschen Ordnung in den Block zu bringen und auf die Leute aufzupassen. Also auf die Deutschen.«

Es hat was unfreiwillig Komisches, wie er mit seinem Russenakzent andauernd von Deutschland und den Deutschen labert, nur leider ist mir nicht zum Lachen.

»Vielleicht kommst du ja doch irgendwann zu uns«, sagt Schädel. »Ich versteh schon, dass du dich aus allem raushalten willst. Aber auf Dauer geht das eben nicht, Fuchs. Wenn die Regierung mit ihren Flüchtlingen und das linksgrüne Schwulenpack mit seiner Genderscheiße unser Volk zerstören wollen, müssen wir uns wehren. Das geht jeden was an. Auch dich. Du kannst zu uns gehören.«

Könnte ich, denk ich und seh Hakans kurze, mehrdeutige Nachricht vor mir. Aber etwas an denen ekelt mich. Kann gar nicht sagen, was genau.

»Ich überleg's mir«, brumm ich und dreh mich zum Gehen.

»Gute Nacht.«

»Hey, warte.« Schädel fasst mich an der Schulter. »Dass wir uns hier begegnet sind, interessiert niemanden. Verstehen wir uns?«

»Wir verstehen uns«, nick ich und will mich an ihm vorbeischieben.

»Alles klar«, sagt Schädel und hebt die Hand. »Schlag ein, Kamerad.«

Seine Hand schwebt zum High Five in der Luft.

Ich rühr mich keinen Millimeter.

»Schlag ein, Mann. Was ist los?«

Meine blutigen Hände verkrampfen sich in den Taschen.

Da kommt mir eine Idee.

»Du willst doch nur, dass ich den Hitlergruß mache«, sag ich.

»Was laberst du?«

»Also, für 'ne Packung Kippen würd ich's machen. Na?«

Nikolaj schnaubt und meint: »Is halt doch nur 'n armer kleiner Spacko.«

Schädel lässt den Arm sinken.

»Verpiss dich«, sagt er.

Und das tu ich. Aber so was von. Am liebsten würd ich losrennen. Aber ich zwing mich, langsam davonzuschlendern. Ohne mich noch mal nach den beiden umzudrehen, geh ich an der Parkhauswand vorbei und durch die zugige Unterführung, die auf den hinteren Hof mündet, wo der Eingang zu meinem Haus liegt.

(…) Es muss natürlich um diesen Stick gegangen sein. Die Cops werden das Teil suchen. Die Nazis aber auch. Wenn die Cops ihn finden, haben sie meine Fingerabdrücke. Wenn Schädel und Nikolaj oder ihre Kameraden ihn finden, brauchen sie nicht lange nachzudenken, um auch ohne Fingerabdrücke draufzukommen, dass ich damit zu tun hab. Ich muss das fucking Teil verschwinden lassen. Aber nicht mehr diese Nacht. Da wimmelt jetzt sicher alles von Cops. Ich muss den Stick verschwinden lassen und das Handy von dem Typen und seinen Blick. Ja, diesen Blick. Den muss ich aus meinem Gedächtnis verschwinden lassen, bevor er mich in den Wahnsinn treibt. Noch nie hat mich einer so angesehen. So, als wär ich seine letzte Hoffnung. Nein, nicht seine. Sondern die letzte Hoffnung der ganzen verdammten Menschheit.

Toll.

Das fehlt mir echt gerade noch.

Auszug aus dem Unterrichtsmaterial zu »Der Schuss«
zum Leitthema »Zivilcourage«

Robin hängt am Spielplatz ab, als ein verletzter Mann auf ihn zukommt.
Robin leistet Erste Hilfe.

 Lies die Buchseiten 13 bis 17. Verhält sich Robin in dieser
Situation dem Verletzten gegenüber richtig?

Im Internet findet ihr unter zeig-courage.de sechs Regeln, die dabei
helfen können, anderen Menschen in Notsituationen beizustehen.
Sie lauten:

- Ich beobachte genau
- Ich hole Hilfe
- Ich halte Abstand
- Ich suche Mitstreiter
- Ich kümmere mich um Opfer
- Ich bin Zeuge

Welche Bedeutung und Konsequenzen haben diese Regeln
a) für das Opfer?
b) für den Täter?
c) für dich selbst?

 Notiert eure Überlegungen und diskutiert sie anschließend
in Gruppen.

Was hätte Robin tun müssen, um den Regeln gerecht zu werden? Zeigt Robin Zivilcourage? Lies die Buchseiten 17 bis 22.

Was bedeutet Zivilcourage eigentlich genau? Haltet schriftlich fest, wie ihr jüngeren Mitschüler:innen den Begriff erklären würdet. Die sechs Regeln (siehe Seite 119) können euch dabei helfen.

Zivilcourage:

Der Duden definiert Zivilcourage wie folgt:

Mut, den jemand beweist, indem er humane und demokratische Werte (z. B. Menschenwürde, Gerechtigkeit) ohne Rücksicht auf eventuelle Folgen in der Öffentlichkeit, gegenüber Obrigkeiten, Vorgesetzten u. a. vertritt.

Auszug aus dem Unterrichtsmaterial zu »Der Schuss«
zur Methode »Manipulative Sprache analysieren«

Methodenbox »Manipulative Sprache analysieren«

Wie wird ein Meinungsbild geprägt und geformt? Welche Möglichkeiten und Strategien nutzen bestimmte Personen im Roman, um
gezielt zu beeinflussen? Diese manipulative Ausrichtung der Kom-
munikation betrifft nicht nur die Ebene der Lesekompetenzen und
Textanalyse, sondern sie sollte im Unterricht durch praktische
(Selbst-)Versuche der Schüler:innen eine grundlegende Erkenntnis
und Einsicht in die Wirkung manipulativer Rede anbahnen, erweitern
und vertiefen. Sie hat also besondere Bedeutung für die methodische
Planung und Gestaltung von Unterricht.

Die Macht der Sprache

»Die Sprache gehört zum Charakter des Menschen« ist ein berühmtes
Zitat von Sir Francis Bacon (1561–1626), einem englischen Philosophen.

Klärt gemeinsam die Bedeutung dieses Zitats und diskutiert,
ob ihr der Aussage zustimmt.

Was verrät Sprache bzw. die Art zu sprechen über einen
Menschen? Sammelt verschiedene Merkmale an der Tafel.

Analysiert, inwiefern Robin in der Interaktion mit dem Verletzten
durch seine Sprache verrät, wie er sich fühlt.
(Buchseiten 17 bis 22)

Gerechtigkeit

»Bad Castro« von Kevin Brooks

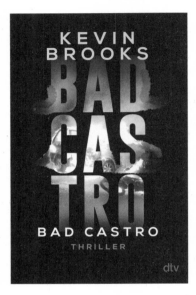

für die 9. bis
11. Klassenstufe

EUR 13,95 [DE]
ISBN: 978-3-423-74074-6
208 Seiten
Aus dem Englischen von
Uwe-Michael Gutzschhahn

Zum Inhalt

Eine Nacht voller Unruhen. Ein jugendlicher Gang-Leader, den alle »Bad Castro« nennen, auf der Flucht. Und Judy, eine junge Polizistin, die nicht mehr weiß, wo Recht und Unrecht ist.

Als das Polizeiauto überfallen wird, gelingt es Judy und Castro, sich unerkannt aus dem Wagen zu retten. Gemeinsam fliehen sie vor dem entfesselten Mob, der für sie gleichermaßen gefährlich ist. Denn längst ist nicht mehr klar, wo die Grenzen zwischen Freund und Feind sind – und dass sie in Wahrheit mehr verbindet, als ihnen klar ist …

- Ein spannender Roman um zwei junge Menschen, die eigentlich auf gegnerischen Seiten stehen
- Brandaktuelle Themen: Gangs, Straßengewalt und Polizeikorruption

Zum Autor

© privat

Kevin Brooks, geboren 1959, wuchs in einem kleinen Ort namens Pinhoe in der Nähe von Exeter/Südengland auf. Nach seinem Studium verdiente er sein Geld lange Zeit mit Gelegenheitsjobs. Seit dem überwältigenden Erfolg seines Debütromans »Martyn Pig« widmete er sich ganz dem Schreiben. Für seine Arbeiten wurde er mit renommierten Preisen ausgezeichnet, u. a. mehrfach mit dem Deutschen Jugendliteraturpreis sowie der Carnegie Medal für »Bunker Diary«. Er schreibt auch Thriller für Erwachsene.

Zum Unterrichtsmaterial

Das Unterrichtsmaterial zu »Bad Castro« wurde herausgegeben von Marlies Koenen und erarbeitet von Christoph Hellenbroich.

Thematik
- Gerechtigkeit
- Gewalterfahrung
- Jugendgangs
- Identität, Rollenkonflikte und Selbstbestimmung
- Familie und Sozialisation

Methodische Schwerpunkte
- Den Zusammenhang von Sozialisation und Existenz verstehen
- Handlungskompetenz und Verantwortung stärken
- Beziehungen reflektieren

Das komplette Unterrichtsmaterial finden Sie direkt hier:

www.dtv.de/bad-castro

Textauszug aus dem Roman »Bad Castro« von Kevin Brooks

Judy, Polizistin, und Bad Castro, Gangleader, sind in einem London unterwegs, das durch Ausschreitungen zerrüttet wird. Sie bewegen sich in einem rechtsfreien Raum und erfahren, dass Gerechtigkeit und Gesetz nicht immer identisch sind.

(Buchseiten 135 bis 140)
Verbrecher oder Polizistin – eine Frage der Herkunft oder eine Entscheidung?
Ich griff nach dem Becher Wasser, trank und stellte ihn wieder zurück. Ich nahm den Apfel, schaute ihn an, studierte ihn, legte ihn wieder weg. Ich warf einen Blick über den Tisch zu Castro. Er starrte gedankenverloren auf die Platte.

»Wie heißt du eigentlich wirklich?«, fragte ich.

Er blinzelte und schaute zu mir hoch. »Was?«

»Wie du wirklich heißt? Dein echter Name.«

»Ich versteh nicht, was du meinst.«

»Doch, du verstehst es ganz genau.«

»Ich heiß Castro.«

»Ja?«

»Ja.«

»Das ist dein echter Name?«

»Ja.«

»Vor- oder Nachname?«

»Was?«

»Ist Castro dein Vor- oder Nachname?«

»Einfach mein Name.«

Er schien das absolut ernst zu meinen, doch ich kaufte es ihm nicht ab. Er lebte ja vielleicht in einer anderen Welt als der Rest der Menschheit, in der andere Regeln galten, und es war gut möglich, dass er nicht besonders lange zur Schule gegangen war, wenn überhaupt. Doch er war nicht so weit vom Rest der Welt abgekoppelt, dass er wirklich nicht wusste, wovon ich sprach.

»Welcher Name steht auf deiner Geburtsurkunde?«, fragte ich.

»Hab keine.«

»Du musst eine haben. Jeder hat eine Geburtsurkunde.«

Er zuckte mit den Schultern. »Wenn es eine gibt, hab ich sie nie gesehen.«

»Wer hat dich großgezogen?«

»Darauf muss ich dir nicht antworten –«

»Ich verhör dich doch nicht. Ich red nur mit dir. Wenn du willst, dass ich den Mund halte, sag's mir.«

Er sagte es nicht, sondern saß nur da und starrte mich ein paar Sekunden lang an. »Niemand hat mich großgezogen. Ich hab mich selbst großgezogen.«

»Gut … aber es muss doch irgendjemanden gegeben haben, wenigstens als du klein warst. Mutter, Vater … Betreuer, Pflegeeltern –«

»Ist ohne Bedeutung.«

»Was ist ohne Bedeutung?«

»Egal … einfach alles. Nichts hat Bedeutung.«

»In welcher Hinsicht?«

»In jeder.«

»Was soll das jetzt heißen?«

»Das ist mein Leben, okay? Das ist alles, was ich hab. Ist nicht besser oder schlechter als irgendein anderes.«

»Woher willst du das wissen? Du kennst doch gar nichts anderes.«

»Was gibt es denn sonst? Ist doch alles das Gleiche, wenn du mal drüber nachdenkst – du wachst morgens auf, tust irgendwas, und wenn du am Ende des Tages noch lebst, gehst du schlafen. Dann wachst du morgens auf und fängst wieder von vorn an.«

»Und das ist alles? Das ist es, was wir alle tun – aufwachen, Dinge tun, schlafen gehen? Das ist deine Vorstellung von Leben?«

»Wieso? Das ist einfach so.«

»Nein, ist es nicht. Du kannst doch nicht einfach sagen, wir »tun irgendwas«, als ob völlig egal wär, was es ist. Das, was wir tun – das ist entscheidend.«

»Es geht darum, am Leben zu bleiben, und fertig. Du tust, was du tun musst. Das sollte dir eigentlich klar sein.«

»Wie meinst du das?«

»Du hast zu den CTK* gehört, bevor du aus der Cane Town weg bist, stimmt's?«

»Hä?«

»Soweit ich gehört hab, hast du früher die ganze Zeit mit den Gang-Kids rumgehangen.«

»Klar hab ich das. Jeder hat mit ihnen rumgehangen. War nicht anders als heute auch – du bist entweder für die CTK oder gegen sie. Und wenn du gegen sie bist, kannst du dein Leben vergessen.«

»Gibt aber verschiedene Arten dazuzugehören. Es muss keiner aktiv dabei sein.«

»Ich war nie aktiv dabei.«

»Hab ich auch nicht gesagt. Aber du hättest es sein können.«

»Ich hätte auch im Lotto gewinnen können –«

»Ich hab gemeint, wenn du geblieben wärst, wenn du damals nicht aus der Cane Town weggegangen wärst … dann hättest du so sein können wie ich.«

»Bin ich aber nicht.«

»Ich weiß, aber –«

»Und wenn, dann wär ich trotzdem nicht so geworden wie du.«

»Warum nicht?«

»Ich hab nicht das Zeug dazu.«

»Das Zeug wozu?«

»So ein Leben zu führen … ich könnte das einfach nicht.«

»Das Gang-Leben?«

»Ja.«

»Mein Leben?«

Ich nickte. »Ich könnte mich selbst nicht ertragen, wenn ich so leben müsste wie du.«

»Doch, könntest du. So anders bist du nicht. Du glaubst, du wärst völlig anders als ich, aber –«

»Ich weiß, dass ich völlig anders bin.«

»Was ist es denn, das uns so verschieden macht? Ich meine, was bist du, was ich nicht bin?«

»Zuerst einmal bin ich eine gesetzestreue Bürgerin.«

»Und was bin ich? Ein Wilder? Ein Barbar?«

»Du lebst außerhalb der Gesetze.«

»Ich lebe außerhalb deiner Gesetze. Genau wie du außerhalb von meinen lebst.«

»Nein«, sagte ich kopfschüttelnd. »Gesetz ist Gesetz. Du kannst dir nicht einfach deine eigenen Regeln erfinden –«

»Klar kann ich das. Alle Gesetze sind erfunden. Deshalb unterscheiden sie sich von Ort zu Ort. Ich könnte etwas in diesem Land tun, das absolut legal ist, aber wenn ich es in einem andern Land tun würde, könnt ich dafür im Gefängnis landen. Was richtig oder falsch ist, ist Ansichtssache.«

»Ist Drogenhandel richtig oder falsch?«

»Was?«

»Was ist deine Ansicht zum Drogenhandel? Findest du den richtig oder falsch?«

Er zuckte mit den Schultern. »Ist ein Geschäft. Richtig oder falsch hat damit nichts zu tun. Aber das ist nicht –«

»Was ist mit den vielen Leben, die von Drogen zerstört werden?«

»Das ist albern. Du kannst nicht einfach –«

»Ist es richtig, Gewalt einzusetzen, um zu bekommen, was du willst?«

Er seufzte. »Ich spiel dieses Spiel nicht mit. Ist zwecklos.«

»Du hast die Frage gestellt.«

»Welche Frage?«

»Was ist es, das uns so verschieden macht? Was bist du, was ich nicht bin?«

Er schüttelte den Kopf. »Lass es gut sein. Du weißt nicht genug –«

»Du bist ein Verbrecher«, stellte ich nüchtern fest. »Du verletzt Menschen. Du tötest sie.«

Auf einmal sah er mich auf eine Art an, die mich glauben ließ, er wolle mir etwas sagen, wisse jedoch nicht, ob er es tun dürfe ... tun solle. Ich hatte keine Ahnung, was es sein könnte. Aber ich merkte, wie er sich dagegen entschied. Etwas Ungesehenes entfernte sich aus seinem Gesicht. Und es hinterließ in mir eine unerklärliche Trauer.

(...)

(Buchseiten 151 bis 153)

London brennt

Ich blieb neben ihm stehen und warf einen Blick auf die Londoner Nacht. Dieser Blick war mir vertraut und gleichzeitig unvertraut. Es war die Nachtlandschaft, die ich kannte – das riesige Lichtermeer in der Dunkelheit, kurz bevor die Dämmerung einsetzt, das Lichtermeer, das sich Kilometer um Kilometer in alle Richtungen dehnt –, doch gleichzeitig hatte das Ganze etwas von einer im Krieg zerstörten Stadt, einem fernen Ort, den man nur aus den Nachrichten kennt. Überall brannte es, Gebäude lagen in Schutt und Asche, die Blaulichter der Krankenwagen zuckten durch eine rauchgeschwärzte Dunkelheit. Lichterreihen ließen die Straßenzüge erkennen, und es war nicht schwer, den Weg zum Revier in Stock Hill auszumachen. Das Gebäude selbst war nicht zu sehen – es lag ungefähr eineinhalb Kilometer entfernt, umringt von Bürogebäuden und Wohnblocks –, aber ich wusste, wo es war. Und was ich dort oder zumindest doch ganz in der Nähe sehen konnte, das waren ein verräterischer oranger Schein und die Rauchschwaden eines Feuers. Es musste nicht unbedingt vom Revier stammen, aber es hätte mich nicht überrascht, wenn es doch so gewesen wäre. Polizeireviere waren in dieser Nacht bestimmt überall in London zum Angriffsziel geworden. Doch ich durfte darüber nicht nachdenken. Nicht jetzt. Jetzt gab es nur das Hier und nichts sonst ... nur diese Zeit, diesen Ort ... diesen Jungen.

Ich sah ihn an. Er tat das, was auch ich gerade getan hatte – er starrte hinaus auf die Stadt, und als ich seinem Blick folgte, merkte ich, was er fixierte. Die fernen Wohntürme der Cane Town waren unverkennbar – eine gezackte Linie aus Betonklötzen, die sich wie Wachtürme in der Nacht abzeichneten. Wann immer ich sie sah, erinnerten sie mich daran, dass die Siedlung mein Leben lang der Ort bleiben würde, wo ich herkam. Nichts konnte daran je etwas ändern. Ich weiß nicht, ob ich die Siedlung als Heimat ansah, doch nichts anderes in meinem Leben kam so dicht heran.

Die Nachtluft war kühl – die Hitze des Tages lange vorbei –, und eine leichte Brise wehte über das Dach. Ich zog den Reißverschluss an meinem Hoodie hoch und setzte die Kapuze auf.

»Worüber musstest du nachdenken?«, fragte ich Castro.

»Was?«

»Du hast gesagt, dass du nachdenken musstest.«

Er antwortete nicht, und während ich wartete, dass er etwas sagte, und dabei weiter über die verwüstete Stadt blickte, wurde mir plötzlich klar, dass nicht nur die physische Zerstörung an Krieg erinnerte, sondern auch alles sonst. Krieg führende Gangs, Krieg führende Staaten ... wo ist der Unterschied? Sie kämpfen um die immer gleichen Dinge – Territorien, Macht, Ansehen, Rache. Und sie setzen alle Gewalt ein, um das zu kriegen, was sie wollen – sie töten, verstümmeln, plündern, zerstören. Der einzige Unterschied ist, dass für dein Land zu töten nicht als Verbrechen gilt und dass Soldaten, die feindliche Soldaten umbringen, Helden genannt werden. Gang-Kids dagegen, die ihre Gegner umbringen, sind mordende Gangster, hirnlose Kriminelle ... so weit von Heldentum entfernt wie nur irgend möglich.

So hatte ich es noch nie betrachtet, und ich war ziemlich sicher, wenn ich noch ein bisschen weiter drüber nachdachte, würde ich merken, dass meine Überlegungen nicht standhielten. Es waren wahrscheinlich nur die wirren Gedanken eines übermüdeten Hirns.

Ich schaute zu Castro.

Gangster? Held?

Nichts davon? Beides?

Auszug aus dem Unterrichtsmaterial zu »Bad Castro« zum Leitthema »Gerechtigkeit«

Kevin Brooks hat mit seinem Roman u. a. die Frage nach der Bedeutung der Rolle von Normen, Gesetzen und Wertorientierungen angesichts lebensbedrohender Herausforderungen und explodierender Gewalt gestellt. Die bis dahin sicher geglaubten Regeln und Vorschiften gelten nicht mehr. Wo gesellschaftliche Regulierungen und Sanktionen außer Kraft gesetzt oder entwertet sind, ist der Mensch einem anarchischen Zustand ausgeliefert, der ihn zutiefst erschüttert. »Im Moment zählte nur, am Leben zu bleiben.«
(Buchseite 92)

Die Polizistin Judy und der Gangster Bad Castro haben sich in einem leeren Haus verbarrikadiert. Um sie herum herrscht Chaos. Bad Castro ist angeklagt, einen Menschen ermordet zu haben. Judy ist eine gesetzestreue Polizistin, die ihre Kindheit in demselben Ghetto wie Castro verbracht hat.

 Lies die Buchseiten 135 bis 140 und 151 bis 153.

 Ist das, was (gesetzlich!) »richtig« oder »falsch« ist, »Ansichtssache«? Stellt die Positionen Judys und Castros dar. Untersucht ihre Begründungen.

 _____

Auszug aus dem Unterrichtsmaterial zu »Bad Castro« zur Methode »Konzeptanalyse«

Methodenbox »Konzeptanalyse«

Eine Konzeptanalyse dient der Untersuchung von Texten, um Konzepte für das Verstehen zu erkennen, zu markieren und den Kontext, die Situation oder andere informationsreiche Strukturen/ Verknüpfungen herauszufiltern.

In Kevin Brooks' Roman »Bad Castro« ist der soziokulturelle Hintergrund ein bedeutsamer Bezugsrahmen, der eine Annäherung/ Erkenntnis für die unterschiedliche Entwicklungsgeschichte der beiden Probanden anbietet.

Zur weitergehenden methodischen Unterstützung, Veranschaulichung und Vertiefung sind möglich: Placemat, szenisches Interpretieren, Rollenspiel ...

Textpool zum Thema »Nachdenken«:

Und ich wollte nicht mehr dran denken. Zum einen, weil es zu schwer war, aber auch, weil ich nicht zulassen wollte, dass er in mir etwas anderes sah als eine Polizistin.

(Buchseite 132)

Wahrscheinlich hatte er nicht unrecht, aber mir reichte es jetzt. Ich wollte nicht mehr drüber reden. Es war mir zu viel, drüber nachzudenken. Ich war zu müde.

(Buchseite 113)

Ich will nicht wissen, was sie getan hat. Ich will nicht darüber nachdenken. Ich will das nicht in meinem Kopf haben.

(Buchseite 145)

Ich glaube, das lag zum einen an ihrer Weigerung, drüber zu reden, zum andern aber auch daran, dass ich das meiste selbst abblockte. Ich will nicht wissen, was sie getan hat. Ich will nicht darüber nachdenken. Ich will das nicht in meinem Kopf haben.
(Buchseite 144 f.)

Wir wussten, dass Monk etwas Schlimmes mit mir gemacht hatte, wir wussten, was sie mit ihm gemacht hatte, und wir wussten, dass das alles unsere Seelen zerrüttete. Aber drüber zu reden, würde auch nichts ändern. Es würde bloß alles wieder hochholen und alte Wunden aufreißen. Und was sollte das bringen? Nein, am besten, wir beerdigten das Ganze in einem tiefen Loch und vergaßen, dass es je passiert war.
(Buchseite 147)

Doch ich durfte darüber nicht nachdenken. Nicht jetzt. Jetzt gab es nur das Hier und nichts sonst ... nur diese Zeit, diesen Ort ... diesen Jungen.
(Buchseite 152; ähnlich Buchseite 135)

So hatte ich es noch nie betrachtet, und ich war ziemlich sicher, wenn ich noch ein bisschen weiter drüber nachdachte, würde ich merken, dass meine Überlegungen nicht standhielten. Es waren wahrscheinlich nur die wirren Gedanken eines übermüdeten Hirns.
(Buchseite 153)

Judy hat eine merkwürdige Einstellung zum Nachdenken. Anders als Castro (»Musste nachdenken«, Buchseite 151) verdrängt sie ihre Gedanken oft, reagiert gern spontan oder wartet auf Impulse von außen.

Judys Konzept des Nachdenkens (Konzeptanalyse)

- Schneidet die Zitate (am besten von einer auf DIN-A3 vergrößerten Kopie) aus.
- Sortiert sie (Tischgruppen) so, dass Textbausteine, die ähnliche Motive/Verhaltensweisen beschreiben, zusammenkommen.
- Findet gemeinsam Überschriften für die einzelnen Stapel.
- Vielleicht passen nicht alle Aussagen genau. Lasst sie zunächst außen vor, wenn ihr euch nicht einigen könnt.
- Jedem Stapel ordnet sich ein Mitglied der Tischgruppe zu (»Stapelexperten«) und liest die Textabschnitte nochmals aufmerksam.
- Wo nötig, sollte der Romankontext erneut gelesen werden.
- Die Stapelexperten formulieren nun als Rollentext aus der Sicht Judys deren Einstellung zum Nachdenken (z. B. »Ich denke nicht gern nach. Ich halte das für überflüssig, weil ...«).
- Diskutiert abschließend die unterschiedlichen Erfahrungen.
- Beurteilt die Haltung Judys gegenüber dem Nachdenken.
- Notiert die wesentlichen Ergebnisse eurer Diskussion.
- Sucht nach Gründen, die Kevin Brooks veranlasst haben könnten, Judys Einstellung so darzustellen, wie er es getan hat.
- Entwerft an einer »Gelenkstelle« ein alternatives Konzept. – Was würde das an der Figur Judys, an der Handlung, an der Bedeutung des Romans ändern?

Freiheit

»Zwei Wege in den Sommer«
von Robert Habeck und Andrea Paluch

für die 10. und
11. Klassenstufe

EUR 9,95 [DE]
ISBN: 978-3-423-71865-3
224 Seiten

Zum Inhalt

Der letzte Sommer vor dem Abitur soll etwas Besonderes werden. Max will per Segelschiff und ohne Geld nach Finnland. Svenja und Ole schließen sich auf einem zweiten Weg trampend auf Güterzügen an. In Tornio wollen die drei sich treffen, nicht ahnend, dass sie am Ende ihrer Reise nicht mehr dieselben sein werden. Svenja ist mit Ole zusammen, jedoch heimlich in Max verliebt. Ole weiß nichts von Svenjas Gefühlen für Max, will sich aber nach dem Urlaub von ihr trennen. Und Max hat nach dem Suizid seiner Zwillingsschwester vor, niemals in Finnland anzukommen.

- Ein atmosphärischer Sommerroman mit Tiefgang von Robert Habeck und seiner Frau Andrea Paluch
- Eine packende, psychologisch tief gehende und doch auch heitere Sommergeschichte über Liebe, Selbstfindung, Aufbruch und Freiheit

Zu den Autor:innen

© privat

© Sophie Allkemper

Andrea Paluch und Robert Habeck haben vier Söhne und leben in Flensburg und Berlin. Bevor Habeck Spitzenpolitiker der Grünen wurde, schrieben sie gemeinsam Romane und Kinderbücher.

Zum Unterrichtsmaterial

Das Unterrichtsmaterial zu »Zwei Wege in den Sommer« wurde herausgegeben von Marlies Koenen und erarbeitet von Christoph Hellenbroich.

Thematik
- Freiheit
- Verantwortung & Schuld
- Identitätssuche, Sinn des Lebens
- Liebe, Freundschaft, Sexualität

Methodische Schwerpunkte
- Romanfiguren analysieren
  & verstehen
- Symbole beschreiben & deuten
- Themenbezogen argumentieren
  & reflektieren

Das komplette Unterrichtsmaterial
finden Sie direkt hier:

www.dtv.de/zwei-wege

Textauszug aus dem Roman »Zwei Wege in den Sommer«
von Robert Habeck und Andrea Paluch

Der Sommer startet mit einer Wette: Max und Ole wollen auf getrennten Wegen ohne finanzielle Mittel nach Finnland reisen. Max mit dem Segelboot und Ole zusammen mit Svenja mit dem Zug. Was keiner weiß: Nach dem Sommer will Max die absolute Freiheit im Freitod finden und Ole in der Trennung von Svenja.

(Buchseiten 40 bis 45)

Ein Sommer, zwei Reiseplanungen

Ich ging zu Oles Zimmer und trat ohne Anklopfen ein.

»Schon fertig?« Ole sah auf. Er saß in der Mitte des Raumes und vor ihm lag eine Karte Europas. Oles Zimmer war ziemlich cool, und wenn die Einrichtung eines Raumes auf einen Menschen Rückschlüsse erlaubt, dann muss man zu dem Schluss kommen, dass Ole ein echt netter, spontaner und verlässlicher Typ ist. Jemand mit Träumen und Idealen. Das Bett war eine Matratze auf dem Boden. Es war gemacht, aber nicht so ordentlich, dass es einem spießig vorkommen musste. Über dem Bett hatte er ein riesiges Tuch gespannt, das wie ein umgedrehter Fallschirm über seinem Schlaf schwebte. Eine Gitarre lehnte an der Wand, an eine Anlage waren Kopfhörer angeschlossen, sein Schreibtisch war eine umgedrehte Lagerhaustür, die auf zwei Böcken ruhte. Die Wände waren weiß und es gab keine Poster von Popstars oder Fußballern, dafür ein riesiges blaues Rechteck, das er direkt auf die Schräge gemalt hatte. Und alles lag voller CDs und Bücher.

»Was ist das?«, fragte ich und deutete auf die Karte.

»Der Sommer«, sagte er. Ich hörte dem Wort nach.

Es klang wie ein Versprechen. »Wo willst du hin?«

»Weiß nicht. Irgendwie überallhin. Wenn ich an Venedig denke, fällt mir Norwegen ein, und wenn ich mir vorstelle, wie ich in Griechenland am Strand liege, möchte ich lieber nach Frankreich.«

Ich musterte die Karte. Quer über der Ostsee stand »Bottnischer Meerbusen«. Das war ein verheißungsvolles Wort.

»Ist wegen Svenja«, sagte Ole. »Ich stelle sie mir überall vor. Ich kann sie mir überall gut denken, in einem Café auf dem Markusplatz, auf einer Fähre auf dem Weg zu den Lofoten, am Strand der Côte d'Azur. Und ich will sie da überall auch sehen.«

Ich verrenkte den Kopf, um zu sehen, wie der Meerbusen aussah, wenn er nicht hinabhing. Da, wo seine Brustwarze war, grenzte Finnland an Schweden.

»Wollt ihr denn zusammen reisen?«, fragte ich.

Er nickte. »Sie will es«, sagte er, »trotz allem.«

»Was heißt trotz allem?«, hätte ich fragen sollen, aber ich wusste es besser, als Ole es in Worte fassen konnte. Er dachte, das Ehrlichste ist, nach der schönsten Zeit aufzuhören.

»Wir werden miteinander reisen, miteinander schlafen und uns trennen«, sagte er, als ob ich es doch gefragt hätte. Ich hatte so was schon mal gehört, ich hatte so was schon oft gedacht, es war das, was auch hinter Miriams Selbstmord und meinem Reiseziel steckte.

»Kapiert sie das?«, fragte ich. Ich erinnerte mich an Svenjas Abgeklärtheit, als Miriam starb. Ich habe eigentlich nie darüber nachgedacht, ob sie den Grund für ihren Selbstmord verstanden hatte. Und nun sollte sie nach der Freundin auch noch den Freund verlieren, jedenfalls im übertragenen Sinn. Und plötzlich war es nicht nur eine Gefälligkeit, mal mit Svenja zu reden, plötzlich war es meine Chance, mit ihr zu reden. Über Ole, über sie – vielleicht über Miriam.

Ich musterte Ole. Er musste echt ratlos sein, dass er mir das alles erzählte. Ich meine, keiner aus meinem Jahrgang redet wirklich über sich und seine Gefühle. Man lässt mal dies oder das durchblicken und hofft, die anderen finden es geil und tragen es weiter, aber man redet doch nicht offen darüber, dass Kondomeüberziehen ein elendes Gefummel sein kann, dass man verknallt in die Freundin eines anderen ist oder dass man noch nie mit einer Frau geschlafen hat.

Aber nicht Oles Offenheit irritierte mich, sondern meine.

»Freiheit«, sagte ich, »wir wollen Freiheit. Und eine Beziehung ist Bindung. Das sind zwei Ideale, die sich ausschließen.«

Hatte ich echt »wir« gesagt?

Ole starrte mich an. Dann nickte er.

»Man kann nur eine Sache absolut wollen. Wenn man zwei Dinge will, sind sie nicht absolut.«

Ich blickte wieder auf die Karte. Der Grenzort zwischen Finnland und Schweden hieß Tornio und das Beste daran war: Er lag genau am Wasser. Mein »wir« klang in meinem Kopf nach. Und es endete bei Svenja. Miriam war unsere gekappte Verbindung. Eigentlich ging es nicht darum, dass Ole mitkam, es ging um Svenja, als ich sagte: »Nicht nach Italien. Das ist was für unsere Alten. Nach Tornio, zum gottverdammten Arsch der PISA-Studienwelt.«

Ich tippte mit dem Finger darauf.

»Hier können wir uns treffen. Ich segle, ihr fahrt mit dem Auto.«

Ole blickte auf.« Ehrlich, ich weiß nicht, ob ich dich treffen will«, sagte er.

»Außerdem fahren wir nicht mit dem Auto, sondern mit dem Zug. Und in Tornio endet die europäische Gleisspurgröße. Die Finnen haben russische Gleise. Da geht's nicht weiter.«

»Ist ja genau richtig! Wir treffen uns in der Sackgasse Europas!«

Ole stand auf. »Kannst du einmal nicht zynisch sein, bitte.«

Ich riss mich zusammen. Plötzlich bedeutete es mir etwas, ein Ziel zu haben, wo ich jemanden treffen konnte. Wie in dem dummen Spruch, den ich mal auf einer Hafentoilette gelesen hatte: Suche die totale Einsamkeit. Kommst du mit?

»Weißt du was, ich find es total geil, dass du die Sache so ernst nimmst. Ich meine, das ist doch das Schwerste, dem Leben einen Sinn geben. Für Michael ist das einfach. Der frisst und rülpst und kommt damit auch noch durch. Aber wenn man nachdenkt und merkt, dass es nirgendwo richtig weitergeht, dann liegt das daran, dass man auf den falschen Wegen rennt, schätze ich.« Ich weiß nicht, ob ich es so meinte, wie ich es sagte. Ich wollte Ole nicht trösten oder so was, aber während ich es sagte, glaubte ich es tatsächlich.

Ole stand auf und machte die Balkontür auf. Die Sonne erfasste sofort sein ganzes Zimmer. Dann drehte er sich um und stand im Licht wie der Auferstandene. In seinen Augen zuckte etwas. Ich dachte, er würde losflennen. Aber dann sagte er ganz ruhig und ganz bestimmt: »Man sollte nicht so viel nachdenken. Und man sollte nicht so viel übers Nachdenken reden. Es bringt sowieso nichts.«

Er hatte natürlich recht. Aber was brachte schon etwas? Überhaupt, wenn man fragt, was einem etwas bringt, dann denkt man ja schon so wie irgendein Bundesbankvorsitzender, der aus allem einen Nutzen ziehen will. Das ist doch zum Wahnsinnigwerden. Selbst wenn man sich allem verweigert und nur dumme Sprüche macht, ist man Teil eines Systems, das alles nach Werten und Gegenwerten verrechnet. Immerhin glaubte Ole ja und glaubte ich auch, dass die totale Verweigerung einen näher an sich selbst, an das wahre Leben, an eine höhere Intensität der Gefühle und eine höhere Dichte des Lebens führt. Zack! Schon hat man wieder eine Zielvorstellung, versucht etwas zu erreichen. Mindestens. Und Gesa würde wahrscheinlich sogar sagen, dass Spaß eine affirmative Verhaltensweise ist, die das kapitalistische System stabilisiert. So weit musste man vielleicht nicht gehen. Aber wahr ist, dass der Unterschied zwischen einem Bausparvertrag und einer Reise um die Ostsee einzig die Währung ist. Einmal zahlt man mit Euros, einmal, so scheint mir, mit Idealen.

»Du hast recht«, sagte ich und wusste, während ich weiterredete, dass ich unrecht hatte. »No risk, no fun – ich schlage vor, wir reisen ohne Geld.« Es musste doch möglich sein, einen falschen Weg so lange zu gehen, bis man auch über ihn ans Ziel kam.

»Wie soll das gehen, Zugfahren ohne Geld?«

»Trampen. Mit dem Zug«, sagte ich.

»Schwarzfahren?«

»Nee, trampen. Irgendwie rauf auf den Zug, ab in den Güterwagen, ein paar Schweine freilassen und sich schön ins Stroh kuscheln und am nächsten Tag wachst du in Italien auf. Muss doch gehen, oder?«

Ole überlegte. Langsam nickte er. Er schien zu kapieren, was ich meinte. Oder hatte ich nur ausgesprochen, was er wollte? »Und du fährst mit dem Boot. Wir machen eine Art Rennen.« »Quatsch, Rennen. Das ist doch kein Bruttosozialprodukt. Die Zeit ist egal. Wir warten. Aber man muss immer in Bewegung bleiben.«

»Und man muss Deutschland auf dem kürzesten Weg verlassen«, sagte Ole.

»Das auf jeden Fall!«

Wir grinsten. Er streckte mir die Hand hin, aber diesmal nahm ich ihn in den Arm.

»Cool, Alter.«

»Cool«, sagte ich.

Auszug aus dem Unterrichtsmaterial zu
»Zwei Wege in den Sommer« zum Leitthema »Freiheit«

 Lies die Buchseiten 40 bis 45.

Textpool zum Leitthema »Freiheit«

Ich sah auf meinem Blatt den Sommer und im Sommer das Leben.
Der Weg in die Freiheit führte nicht mehr an irgendwelchen Aufgaben
entlang, die sich Lehrer ausgedacht hatten, sondern an selbst gestell-
ten. Wer sonst sollte mich herausfordern?
(Buchseite 10)

Als ich so weit war, wurde mir zum ersten Mal bewusst, dass ich
einen sehr genauen Plan vom Sommer im Kopf hatte.
(Buchseite 31)

»Freiheit«, sagte ich, »wir wollen Freiheit. Und eine Beziehung ist
Bindung. Das sind zwei Ideale, die sich ausschließen.«
(Buchseite 42)

»Was ist denn Freiheit? Etwa mit einem anderen Mädchen zu
schlafen, statt mit einem Mädchen zu schlafen?«
(Buchseite 205)

Camus schreibt, dass Freiheit nicht interessant ist. Das Einzige, was
interessiert, ist die Frage, ob der Mensch frei ist. Wenn etwas egal ist,
dann hat es keine Bedeutung. Es erlangt Bedeutung, nicht indem man
es tut, sondern indem man es nicht tut.
(Buchseite 220)

Verfasse vor dem Hintergrund des in den Zitaten deutlich werdenden Widerspruchs eine Begriffsbestimmung von Freiheit. Es geht nicht darum, die komplizierte (philosophische) Bedeutungsgeschichte darzustellen, sondern deutlich zu machen, welche unterschiedlichen Freiheitsvorstellungen im Roman eine Rolle spielen, und dazu begründet Stellung zu nehmen.

Folgende Begriffe könnten im Zusammenhang mit »Freiheit« eine Rolle spielen: Liebe, Beziehung, Familie, Besitz, Bedürfnisse.

_____

Warum schließen sich nach Oles Meinung »Beziehung« und »Freiheit« aus?

(Buchseite 42)

_____

Auszug aus dem Unterrichtsmaterial zu
»Zwei Wege in den Sommer« zur Methode »Brainstorming«

Methodenbox »Brainstorming«

Das Brainstorming (»Gehirnstürme«) beschreibt eine Methode zur Ideenfindung, bei der die Teilnehmenden schnell, ungeordnet und ungefiltert ihre Gedanken äußern können.
Dabei geht es zunächst darum,

- eine große Menge an Ideen zu sammeln,
- das Ideensammeln nicht durch kritische Kommentare, Abweisungen o. Ä. einzuschränken,
- alle Ideen aufzunehmen (Flipchart, Whiteboard ...),
- Querdenken und gegenseitige Inspiration zu erlauben; sie unterstützen die Dynamik der Ideenproduktion.

Am Ende der Denkrunde werden die Ideen ausgewertet.

»Sommer«: Der Weg in die Freiheit?

 Schreibt nach Art eines Brainstormings (spontane Einfälle werden unkommentiert gesammelt) auf, welche Gedanken euch beim Thema »Freiheit« kommen. Stellt das Ergebnis vor (Gruppensprecher:in). Diskutiert.

 _____

Vorlage Lesetagebuch

Mein Lesetagebuch

Bei der Bearbeitung von Ganzschriften im Unterricht kann ein Lesetagebuch von großer Hilfe sein. Es kann die Schüler:innen und die Lehrkraft darin unterstützen, den Lese- und Arbeitsprozess innerhalb und außerhalb des Unterrichts zu strukturieren. Es kann aus einem Schreibheft oder aus einer Mappe bestehen. In einem Lesetagebuch werden die Arbeitsergebnisse der Lektürearbeit dokumentiert. Das erhöht die Selbstkompetenz, die Eigenaktivität und die Identifikation bezüglich des Gelesenen, da die Schüler:innen das Lesetagebuch vorwiegend eigenständig und/oder begleitend zum unterrichtlichen Erarbeitungsverlauf führen. Für das Lesetagebuch können sowohl sämtliche Aufgaben aus den Unterrichtsmaterialien als auch eine differenzierte Auswahl bearbeitet werden. Regelmäßige Phasen, in denen die Schüler:innen ihre Arbeitsergebnisse präsentieren und reflektieren, sollten eingeplant werden.

 Lege ein Lesetagebuch zu dem Buch »_____
_____« an, in das du regelmäßig bestimmte Informationen einträgst, während du das Buch liest. Am besten verwendest du dafür einen Schnellhefter oder ein DIN-A4-Heft. Bei der Gestaltung der einzelnen Seiten solltest du einige Dinge beachten:

Formale Hinweise
- Erstelle ein Deckblatt mit dem Titel und dem Autor des Buches, deinem Namen und einer passenden Gestaltung.
- Unten rechts numerierst du deine eigenen Seiten.
- Jede Eintragung beginnt mit dem aktuellen Datum oben rechts. Über jedem Eintrag sollten das Kapitel und die zugehörige Seitenzahl stehen.

Inhaltliche Hinweise

Kapitelbezogen

1. Erstelle zu jedem Kapitel eine kurze Zusammenfassung des Inhalts, in der du
   - die handelnden Personen benennst,
   - kurz erläuterst, worum es in dem Kapitel geht.
2. Erstelle für jedes Kapitel mindestens einen eigenen Eintrag, in dem du dich mit dem Gelesenen auseinandersetzt. Ideen hierfür findest du in dem Ideenkasten unten.

Kapitelübergreifend

Überprüfe nach jedem Kapitel, ob du die zu bearbeitenden, kapitelübergreifenden Arbeitsblätter ergänzen kannst.

Ideenkasten für deine eigenen Einträge in das Lesetagebuch

- Eine Person stellt sich vor.
- Schlüsselbegriffe/Fremdwörter/Informationen notieren, recherchieren und erklären.
- Eine Situation über eigene Gedanken erweitern.
- Eine Textstelle zeichnen oder zu einem Comic oder einer Fotostory umgestalten.
- Eine Begebenheit aus der Sicht einer der beteiligten Personen schreiben.
- Eine Textstelle und/oder Gedanken dazu notieren.
- Einen fiktiven Brief an den Autor schreiben.
- Eine Textpassage/ein Zitat herausschreiben und erklären.
- Fragen zum Text/an eine Buchfigur stellen.

Weitere Empfehlungen für Schullektüre ab der Sekundarstufe:

Friedbert Stohner
Bleibt Oma jetzt für immer?
5. Klassenstufe
Umgang mit einer Krankheit in der Familie
978-3-423-64096-1
€ 15,00

Frank Cottrell Boyce
Alle lieben George – keiner weiß wieso
5. und 6. Klassenstufe
Beliebt sein, echte Freundschaft
978-3-423-71782-3
€ 6,95

R. T. Acron
Ocean City – Jede Sekunde zählt
5. bis 7. Klassenstufe
Freundschaft, Auflehnung gegen Unterdrückung
978-3-423-43274-0
€ 7,99

Michael Wolffsohn
Wir waren Glückskinder – trotz allem
6. und 7. Klassenstufe
Nationalsozialismus
978-3-423-76331-8
€ 14,95

Lois Lowry
Hüter der Erinnerung
6. bis 8. Klassenstufe
Dystopie, Selbstbestimmung in einer uniformen
Gesellschaft
978-3-423-78225-8
€ 9,95

Viviana Mazza
Die Geschichte von Malala
6. bis 8. Klassenstufe
Zivilcourage
978-3-423-71604-8
€ 8,95

Mats Wahl
Der Unsichtbare
7. und 8. Klassenstufe
Gewalt
978-3-423-62164-9
€ 9,95

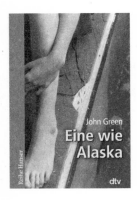

John Green
Eine wie Alaska
7. und 8. Klassenstufe
Identitätsfindung
978-3-423-62403-9
€ 9,95

Simon Packham
Comin 2 get u
7. bis 10. Klassenstufe
Cybermobbing
978-3-423-78257-9
€ 8,95

Wolfgang Korn
Lauf um dein Leben!
8. und 9. Klassenstufe
Globalisierung
978-3-423-62735-1
€ 9,95

Janne Teller
Krieg
8. und 9. Klassenstufe
Krieg
978-3-423-62557-9
€ 5,00

Rolf Lappert
Pampa Blues
8. bis 10. Klassenstufe
Verantwortung übernehmen, Demenz
978-3-423-62564-7
€ 9,95

Julya Rabinowich
Dazwischen: Ich
8. bis 10. Klassenstufe
Heimat, Migration
978-3-423-62685-9
€ 10,95

Janne Teller
Nichts
8. bis 10. Klassenstufe
Sinn des Lebens
978-3-423-62517-3
€ 7,95

Natalie C. Anderson
City of Thieves
8. bis 11. Klassenstufe
Gerechtigkeit
978-3-423-71904-9
€ 9,95

Jason Reynolds, Brendan Kiely
Nichts ist okay!
9. Klassenstufe
Rassismus
978-3-423-62677-4
€ 9,95

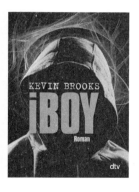

Kevin Brooks
iBoy
9. und 10. Klassenstufe
Rache
978-3-423-71538-6
€ 9,95

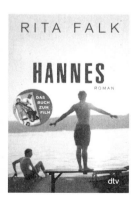

Rita Falk
Hannes
9. und 10. Klassenstufe
Abschiednehmen, Freundschaft
978-3-423-71890-5
€ 9,95

Cornelia Franz
Ins Nordlicht blicken
9. und 10. Klassenstufe
Schuld und Verantwortung
978-3-423-78278-4
€ 8,95

Christian Linker
Dschihad Calling
9. und 10. Klassenstufe
Radikalisierung
978-3-423-71723-6
€ 8,95

Dita Zipfel
Wie der Wahnsinn mir die Welt erklärte
9. und 10. Klassenstufe
Identitätsfindung
978-3-423-62743-6
€ 9,95

Verena Keßler
Die Gespenster von Demmin
9. bis 12. Klassenstufe
Deutsche Geschichte 19./20. Jh.
978-3-423-62757-3
€ 9,95

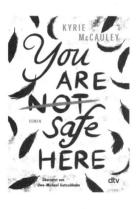

Kyrie McCauley
You are (not) safe here
10. und 11. Klassenstufe
Gewalt in der Familie
978-3-423-71916-2
€ 10,95

Anja Tuckermann
»Denk nicht, wir bleiben hier!«
11. und 12. Klassenstufe
Nationalsozialismus, Sinti und Roma
978-3-423-62682-8
€ 9,95

dtv -PORTAL FÜR SCHULE UND KITA

Im dtv-Portal für Schule und Kita stellen wir Ihnen rund 200 kostenlose Unterrichtsmaterialien zum Download bereit, ebenso Informationen zu Schullektüren, zu Büchern für die Kita, Autor:innenlesungen in
Schulen und Kindergärten, ermöglichen Ihnen eine Büchersuche nach
Themen und Schulstufen sowie die Bestellung von Prüfexemplaren.

**Unterrichtsmaterialien von dtv Kinder- und Jugendbuch
und dtv Reihe Hanser**

Auf **www.dtv.de/service/schule-kita** finden Sie über **200 kostenlose
Unterrichtsmaterialien** zum kostenlosen Download:

AKTUELLE UNTERRICHTSMATERIALIEN

- zu schulrelevanten Titeln für alle Altersstufen und Schulformen

- zu Büchern mit unterschiedlichen Themen und Leseanforderungen, von der spannenden Abenteuergeschichte für Kinder bis zum thematisch und literarisch komplexen Roman für Jugendliche

- von Lehrer:innen entwickelt und in der Praxis erprobt

- mit umfassenden ausgearbeitetem Materialangebot, Sachinformationen und Zusatztexten